12色物语

[日] 坂口 尚 著　猫见樱 译

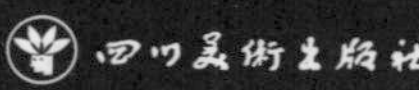

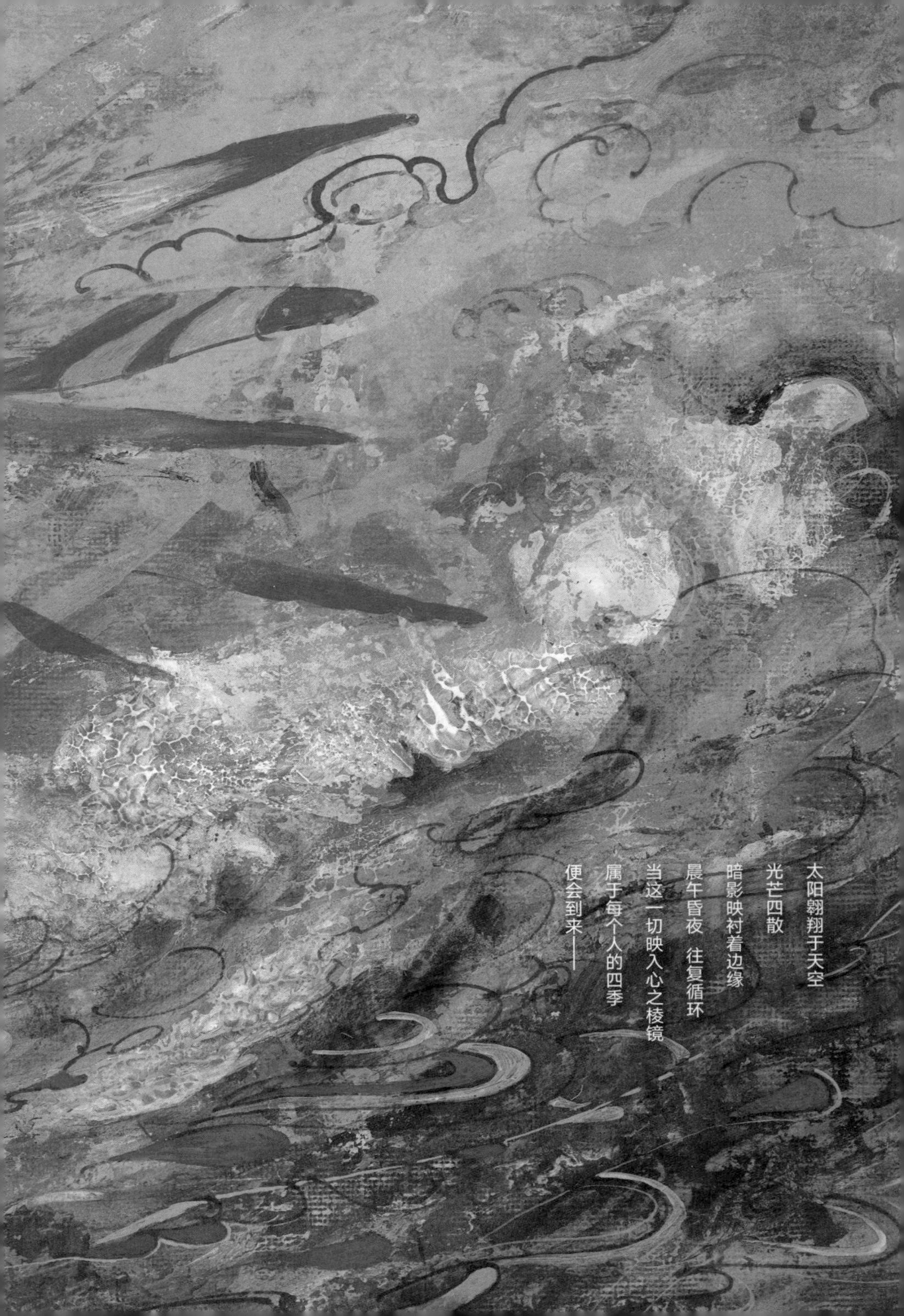
太阳翱翔于天空
光芒四散
暗影映衬着边缘
晨午昏夜　往复循环
当这一切映入心之棱镜
属于每个人的四季
便会到来——

目录

雪之道

瞧一瞧
看一看嘞！
精彩表演马上
就要开始
啦~~~
パタパタ
啪嗒

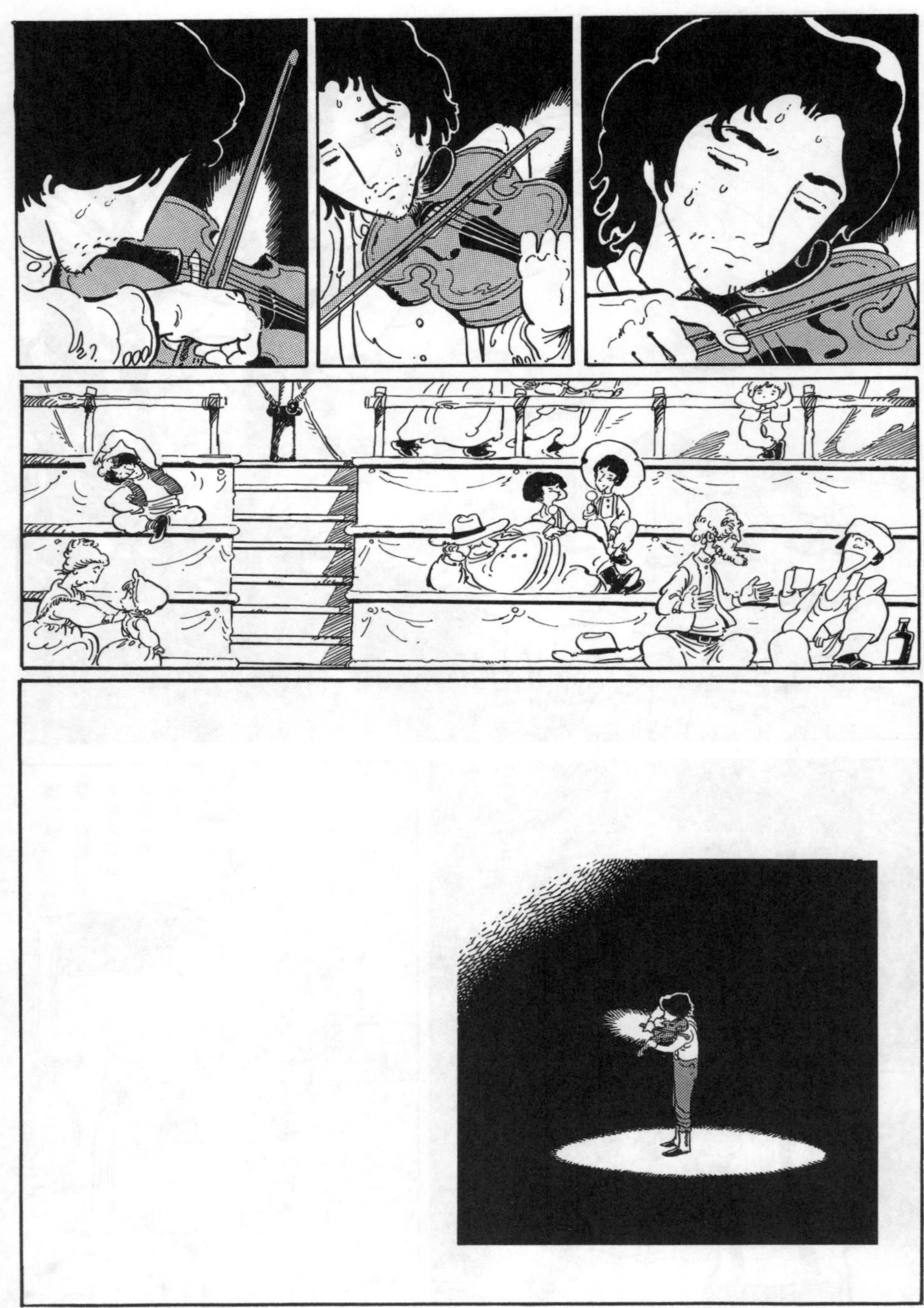

哼，自命清高的家伙……

马上就要到表演时间了，都准备好了吗？

ズンタッタッタッタ……
ドードン
プパァーー
咚咚
哼哼哼

哇～
哇～
パチパチパチパチ
啪
パチパチ
啪啪
ドンドンドン
咚
ピィー ピィー
哔—

ジャーーア
哗啦—

コンコン
嘭
请进！

戴尔德先生，今天早上拜托您的事……
嗯……提前把明天的工钱结给你是吧。正好，老夫刚算完。

有什么问题吗？
没……没什么……谢谢您了。
喂——你这人啊……
啊？
你刚才用那种让人讨厌的眼神瞅老夫，可是不大对啊……
不，我并没……
老夫可是一边听着你那小提琴的旋律，一边计算你的工钱的……
老夫可自认为是个地地道道的老实人啊。
老夫平时就跟团员们说过很多次了，
工钱给多少并不是我一个人拍板的。
决定你们工钱的，是到场的客人们。
客人们拍手叫好的次数，狂热高呼的程度，决定了你的钱袋子是薄还是厚……

让我们回过头来想一想，你的表演又如何呢？
老夫本也不想做如此冷酷的人，精打细算，计较得失……
但是，如果你还是老样子，那你能拿到的工钱只会一直是这样不可观的状况啊。
非常感谢您……
感谢呵……
我是个生意人，就算你把话说得再俏皮好听，对我也没有任何意义啊。
唉，你根本就没有好好考虑什么样的演奏才适合作为我们的热场表演。
我确实没有……
你明白那就好说了。
你啊，到底能不能想办法改改？
老夫倒是认为你完全可以做好……

你的小提琴跟你这双手，又不是只能弹奏这种阴郁小调啊……

要是在灵堂守夜时弹倒是没问题，但我们这儿可是马戏团啊。

那种悲戚又丧气的曲子，我认为应该是不可能让来到这里的客人们高兴的吧……

那首曲子，是我在森林里漫步时的所见所闻。

那时，阳光透过树叶间隙洒下，那样的美景让我不自觉地驻足观赏。

我想将我在那一瞬间所感受到的东西分享给别人，那种感动，那种灵魂的震颤……

灵魂的震颤……?

ガチャ
咔嗒

咕嘟
ゴトッ

唉，你这家伙啊……
老夫啊，从没想过将自己所做之事称为艺术，对音乐也谈不上有什么理解。

但是啊，把来马戏团的客人和去音乐会的客人混为一谈可不行啊……

不，我认为他们并没有区别!!
音乐不应该只是在盛装出席的音乐会上才能听到的东西，而应该在更近的生活中……

那得是够得上你说的那种水准的音乐才行呀!!

你小子会遭报应的!!
你在暴风雪里奄奄一息的时候，是团长救了你，还给了你比以前做街头乐师好得多的生活条件，
而你呢，依旧只顾着表现自我，我行我素!!
我不知道你是多厉害的音乐家，但你那种装模作样的艺术家样子……
真的很让人讨厌!!
好了好了，珂兰女士。
今天就让我多说几句吧！
还有你那眼神，像是在蔑视全世界，哀怜全世界，那种自以为是的眼神!!
还说什么要感动别人!!哼。
真是自不量力的宣言啊!!
真不愧是你们这种所谓的艺术家说的话啊，你们总把自己当作求道者，认为自己能高高在上地俯视这个世界，给别人施恩？
还觉得自己背负着重任，在这浑浊的世界里前行吧？哼!!

嘴里说着什么感动，什么灵魂，其实你只是把这些神谕般的漂亮话挂在嘴上，白日做梦的懒鬼罢了。
不，根本就是个骗子！

啊啊，完全不懂得知恩图报的讨人厌的家伙!!

团长!!不好了，秋千表演的那个多戈掉下来了!!
什么!!

多戈！不要死啊，多戈!!
赶快去街上找医生来!!
好了，赶紧换别的表演上!!
多戈！振作起来，坚持住啊!!

多戈太卖力了，现在受了伤……
你的工钱多少是靠多戈的表演挣来的，自己好好记在心里吧……

你回来啦。
ガチャ
咔嗒

我身体已经好很多啦，
冻伤也都恢复了。
コトッ
叩

不知道明天开始能不能工作了呢，得去找团长说说看。

今天又去了很远的地方练琴吗？
我今天上街了哟。

好厉害！
我稍微准备了一下。
还记得今天是什么日子吗？
嘻嘻……
我想想……
好像是……
叩
コトッ
结婚纪念日!!
亲爱的，拉一首曲子吧……

ガタッ
嘎嗒
够了!!
我已经知道了！不用勉强自己听下去了……

告诉我真话吧……我是个没有才能的人……
是啊，我自己早就知道了……

亲爱的……

我创作的曲子都是根本不能打动人心的空壳废物！
都是垃圾!!

如果……是能打动人心的作品……无论何时，无论何地……
都该是能传递到人们心中的……

难道
不是吗……

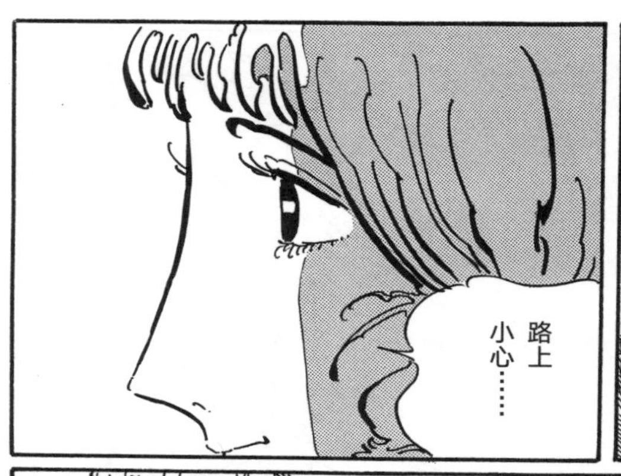
路上小心……

早上好——

这样啊，已经能工作了啊，太好了，太好了。

哟，是大音乐家的夫人呀，工作很努力嘛。
连不务正业的丈夫那份也一起干了呀……嘿嘿……

也许，
我只是在做一场大梦，
一场傲慢的梦……

在这个人人都挥洒着
汗水谋生的环境中，
我却……

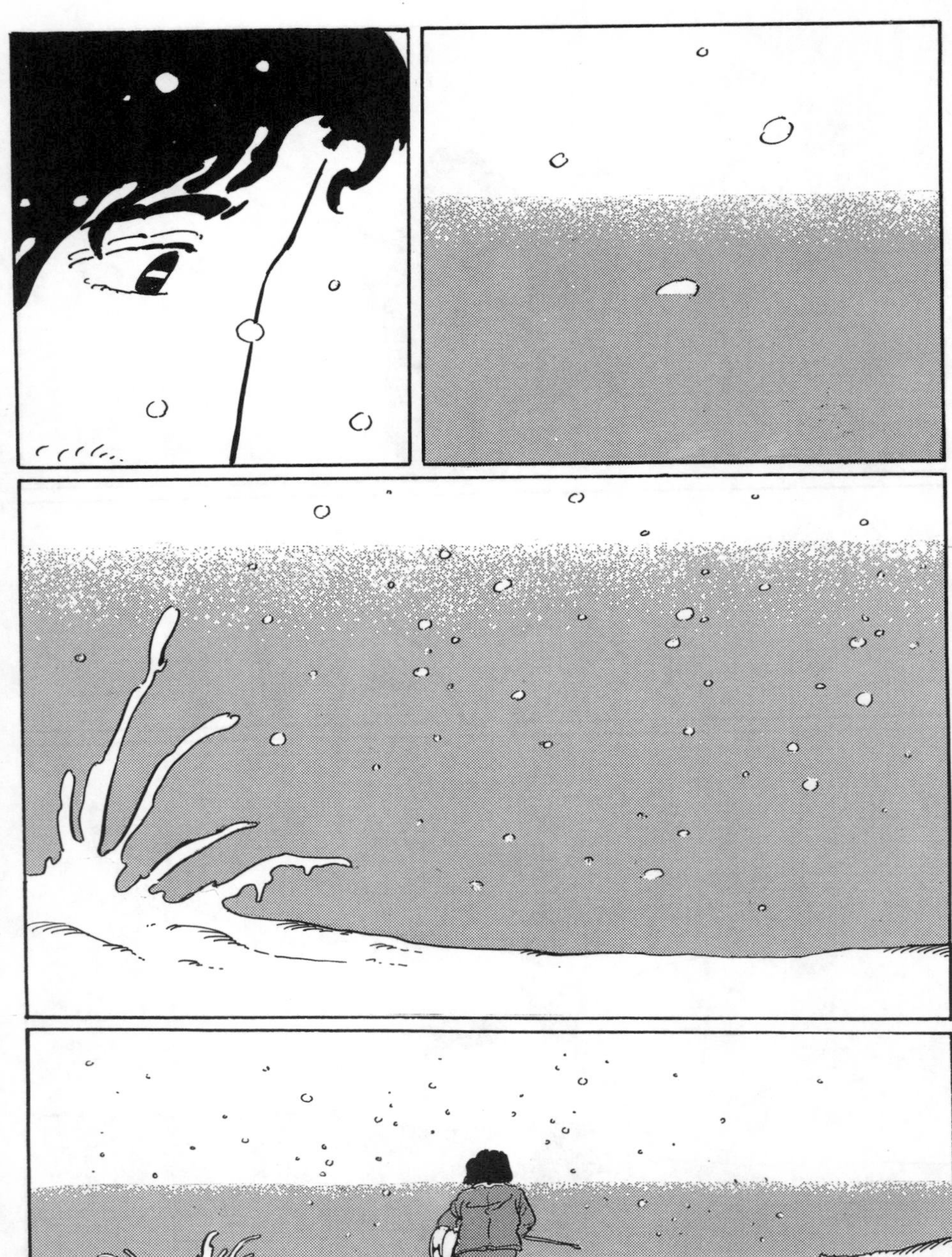

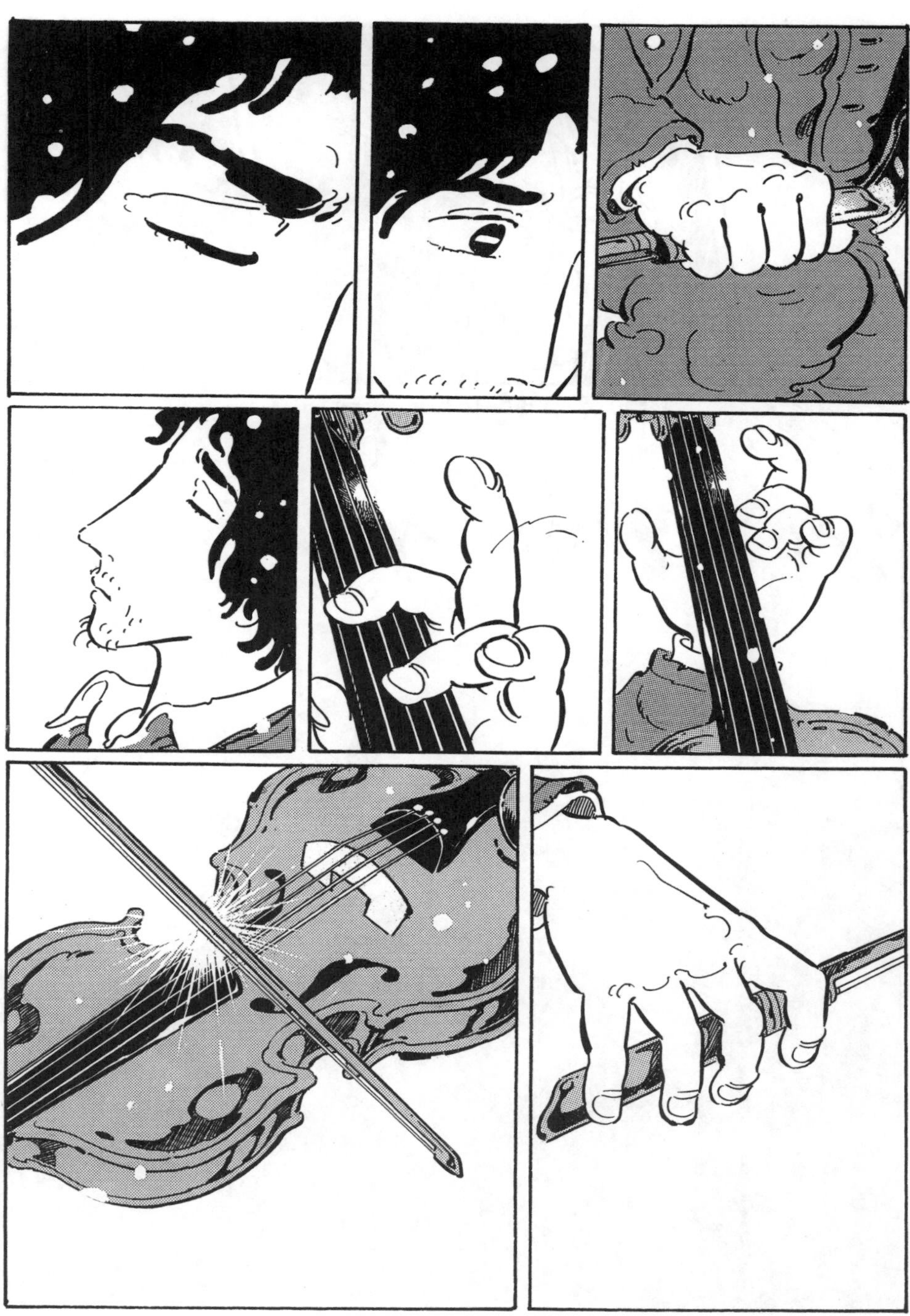

*希腊神话中的九位缪斯之一，一说司管颂歌。

怎么样？是不是个很棒的点子！

再加上太鼓的节拍怎么样？

你也多加些动作啊!!。
要一边跳舞一边演奏哟。

让波洛教教你吧！
哎，刚开始肯定比较难，慢慢来吧！

嘻嘻嘻嘻……
嘿嘿嘿……

嘻嘻嘻
哈哈哈

啵!

哇
哈哈哈。。。
噗—
哈哈哈。。。
对，就是这样的效果!!
哇哈哈
嘻嘻
ドンドコドンドコ
咚咚咔
哇哈哈哈
嘿嘿

大家辛苦啦！现在咱们的客人是越来越多，好日子就在前头啦！
干杯！干杯！
哈哈哈……

我这个受伤之后一直卧病在床的人，喝这酒真是难为情啊。
哈哈……

哎呀多戈，他已经完美补上你的缺啦，大伙儿说是不是啊？
嗯，是啊是啊，非常受欢迎啊！

夫人也变得很精神了呢。

感觉最近洗衣服也比婆婆洗得干净不少呀，嘿嘿……
哼！

我……我……只有内裤是拜托珂兰女士帮我洗来着……
你说什么骚话呢!!

哇哈哈哈

话说回来多戈，你这家伙真强啊，康复好快。
这也不一定是好事啊，要是身子差点儿倒可以好好多休息几天了啊……

カチッ
咔
ガチャ
咔嗒
亲爱的……
我们走吧……
我没事的，不——应该说我希望如此……

ガチャ
咔嚓

要走了吗……
是的。
承蒙您关照了。

……还打算继续当街头小提琴手过日子吗……
究竟为什么要如此执着呢？

就在这儿安定下来如何？
你不是好不容易才适应了这里的生活吗？

一定要成为一流的音乐家，在剧场里大放异彩吗？
马戏团的话……会伤了你心中的骄傲？

不，怎么会……

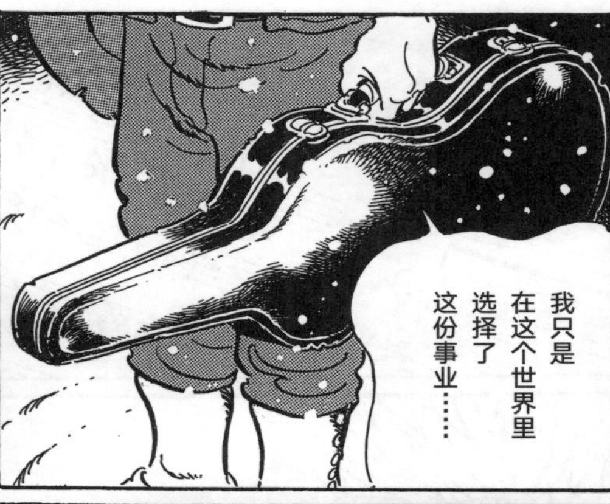
我只是
在这个世界里
选择了
这份事业……

你这家伙就想
成为高高在上
的人吧……

我所说的事业，
并不是大家所
说的音乐家……
就像你们深爱着
马戏团一样，
我也深爱着我的
小提琴。

所以，
所以……我……
总之……
想要先
活下去……
靠我的小提琴
活下去！

デルド様 戴尔德先生
お世話になりました 承蒙您的照顾
ご恩は一生忘れません 您的恩情我永生不忘
私たちは行きます。我们告辞了。

《雪之道》 完

ゴゴゴ……
隆隆隆

隆隆
ゴゴ
ガガ……
嘎嘎

ドッ
轰

呼隆

ドッ
轰

海市蜃楼

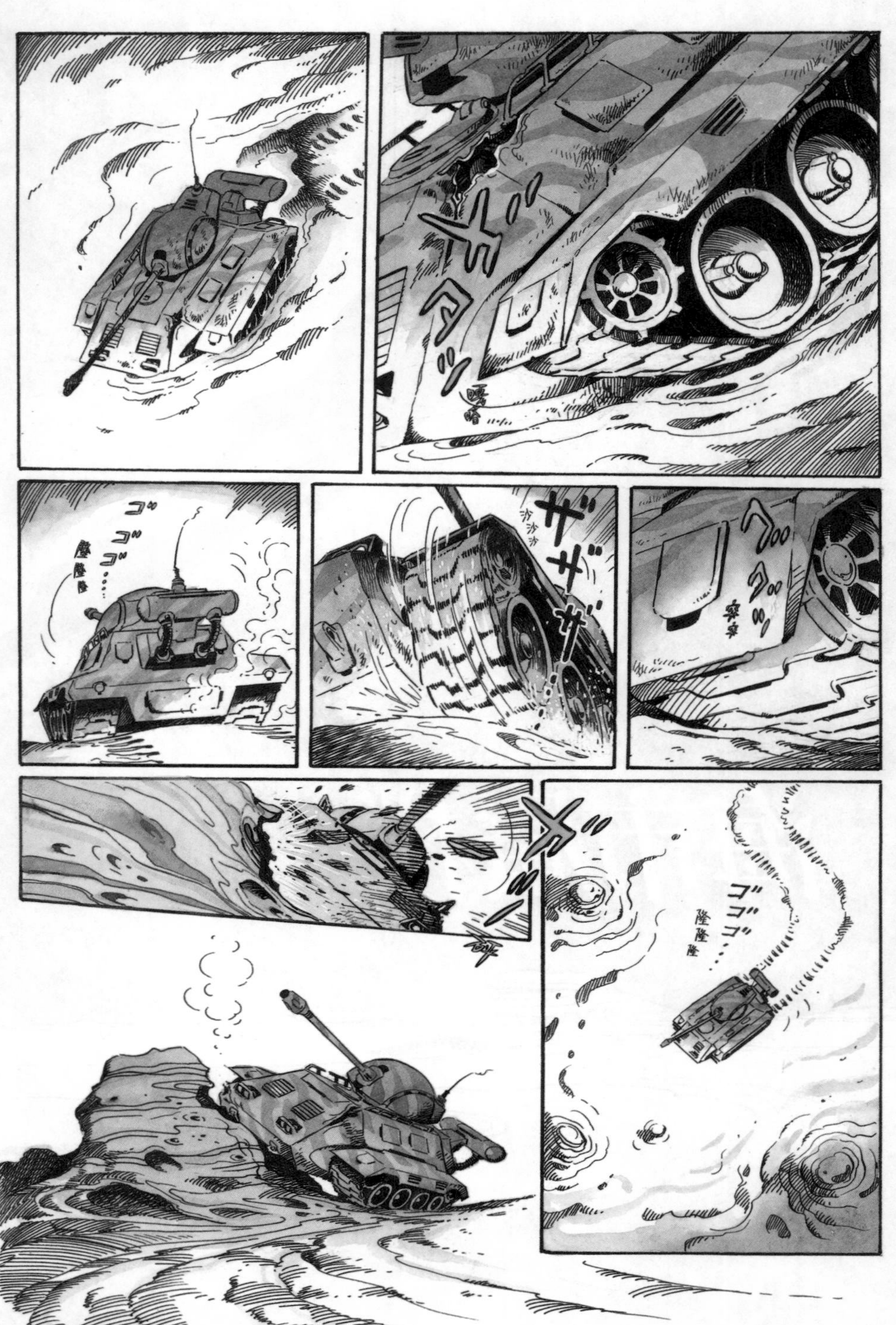
ゴゴゴ……
隆隆隆
ザザザ
沙沙沙
突突
ゴゴゴ…
隆隆隆

ガチャ
咔嚓
哈哈……
哈哈……
嗯……

呵呵……
终于要
来了吗，
死神啊……

好漫长的
年岁啊……
终于要迎来
尾声了……

战场真是
个不错的
终点啊……

呜啊……这也太热了吧。
要是有冰啤酒就好了……
热得我脑子都快不听使唤了……
叭叭叭……
嘿嘿……
这场仗到底要打到什么时候啊……
那是老子的烟!!
别吵了!!
有敌袭!!
バン
彭
ダダダ
嗒嗒嗒
嘎嘎嘎嘎

呜啊——
咣

轰

砰

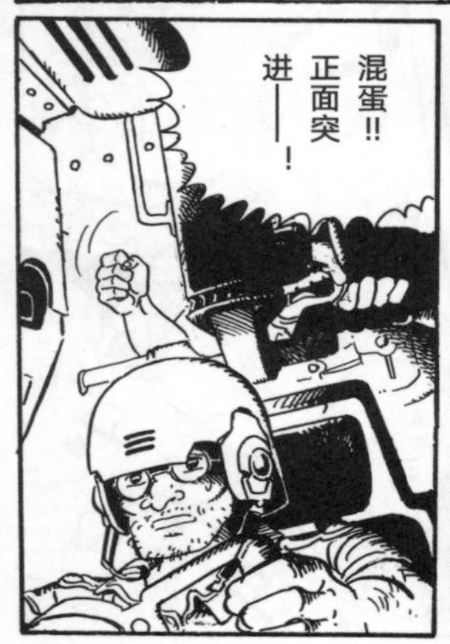
混蛋!!
正面突进——!

突进——!!

隆隆

咚
射击！

嘎嘎嘎

轰
轰
嘎嘎嘎

轰

ボム
嘣

ダッ
轰隆

死神啊——
你定然在旁，
观赏着那场惨烈的战斗，
在彼时的阴云之下，
就如同观赏一场夏夜的
烟花大会……
你定然在旁焦急等待着，
看我在这散发着尸臭的废墟之中，
脸上逐渐浮现出来空洞的、
绝望投降的表情……

最后，将我安排在你
那令人憎恶的演出之中，
以悲剧谢幕。
死神啊，
说到底，
只因我这不自量力之辈，
不知天高地厚地胆敢正面
向你挑战……

グヷッ
ドーン
咚
ゴゴゴ……
隆隆隆
ガチャッ
咔嚓
!
ガアア
嘎—
ドヤッ

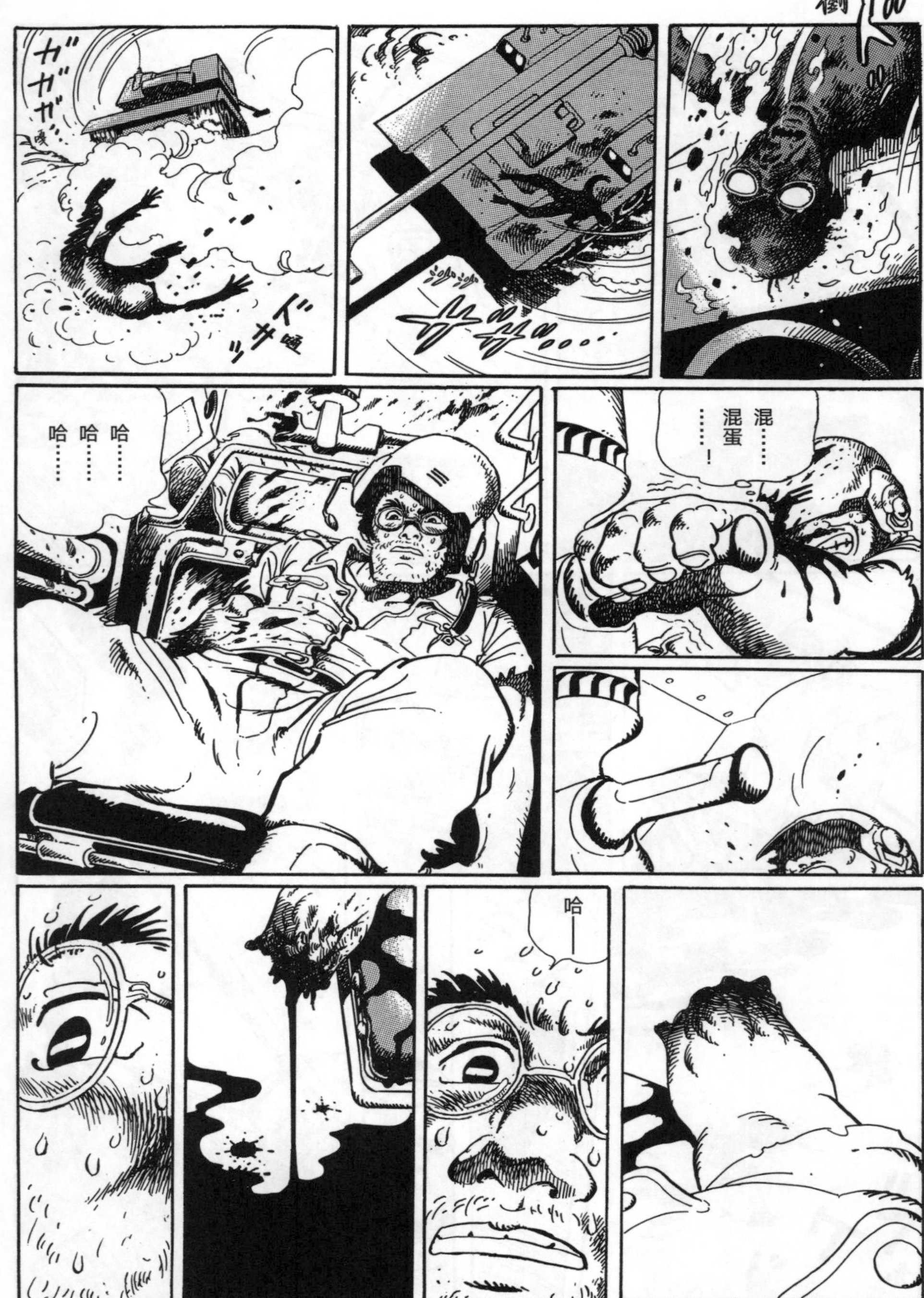

倒
ガガガ…
ザザザ…
混……混蛋……！
哈……哈……哈……
哈——

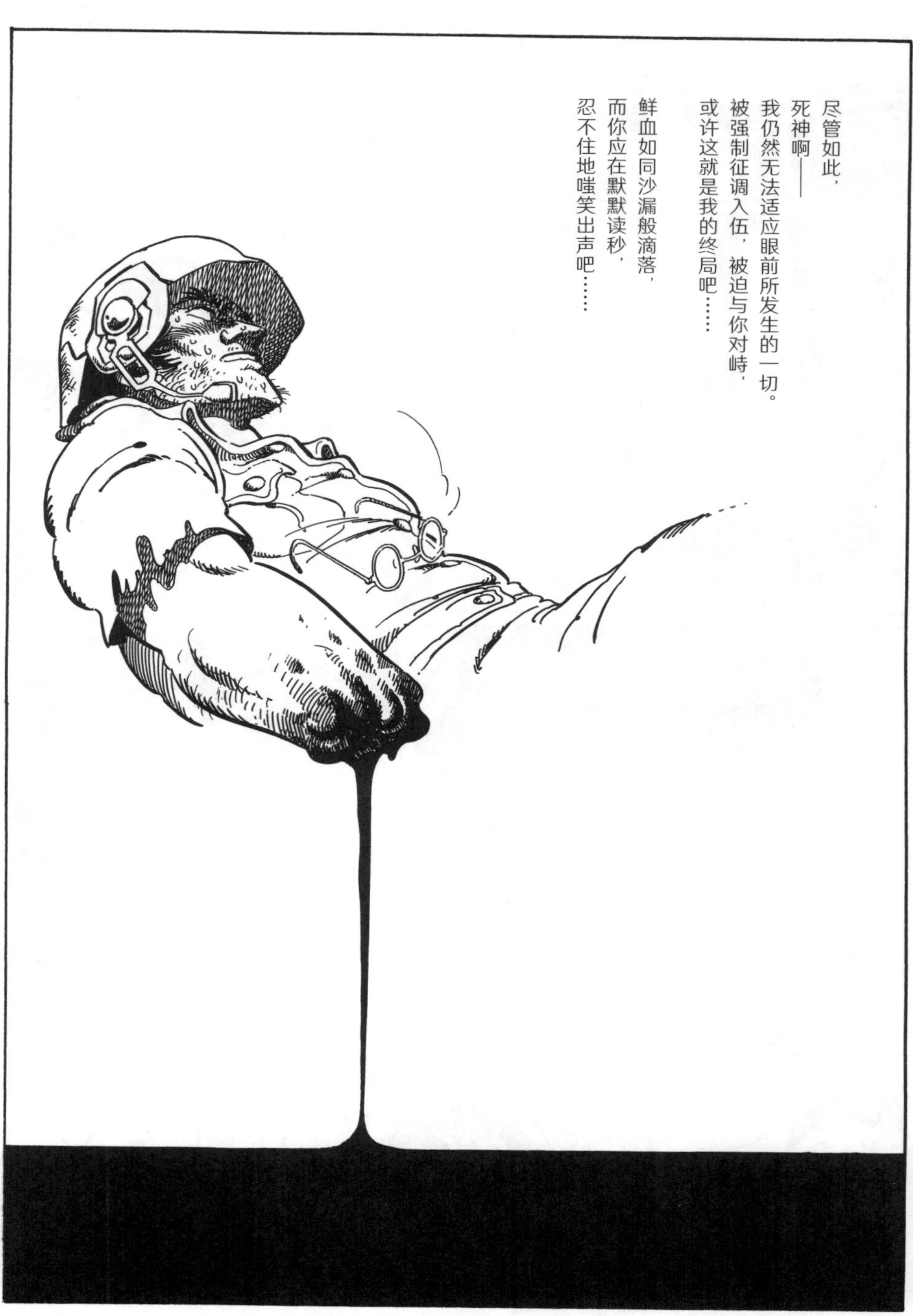
尽管如此，
死神啊——
我仍然无法适应眼前所发生的一切。
被强制征调入伍，被迫与你对峙，
或许这就是我的终局吧……
鲜血如同沙漏般滴落，
而你应在默默读秒，
忍不住地嗤笑出声吧……

 グイッ
猛抓
ビリリリッ
刺啦
呜……
哈……
哈……

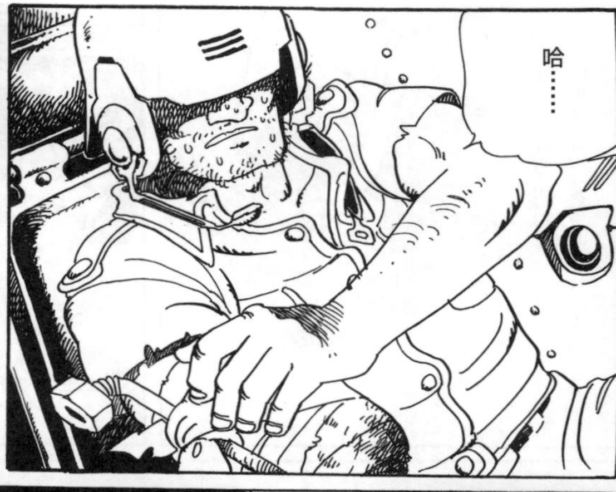

真是不错的剧本啊，让我以这样的方式死去。

这一定是你思索良久的完美终章吧……

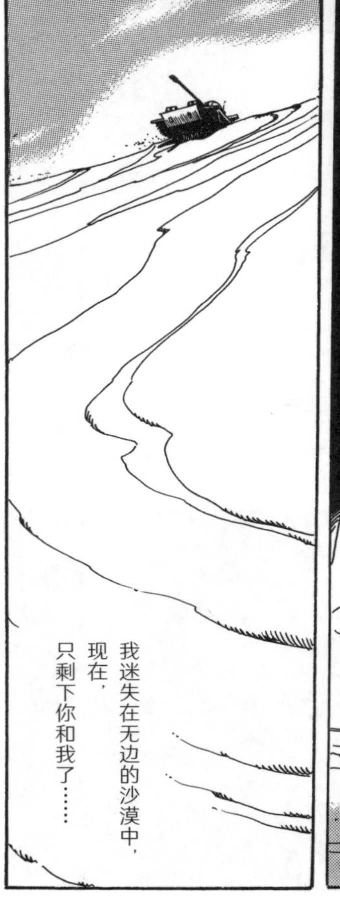

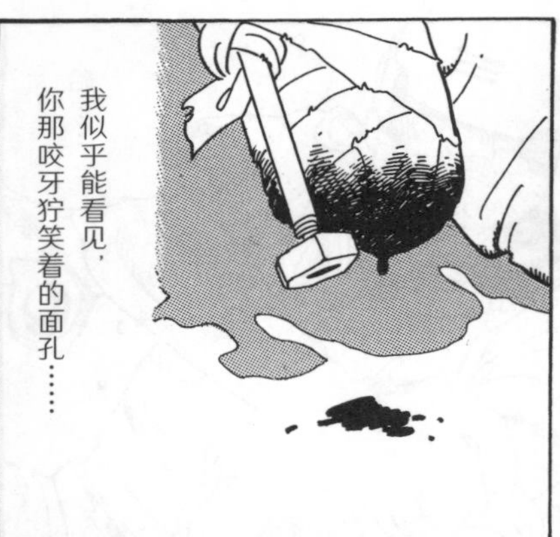
我似乎能看见，
你那咬牙狞笑着的面孔……

ガッ
咔

死神啊——
在我面前现身吧!!
ドッ
轰

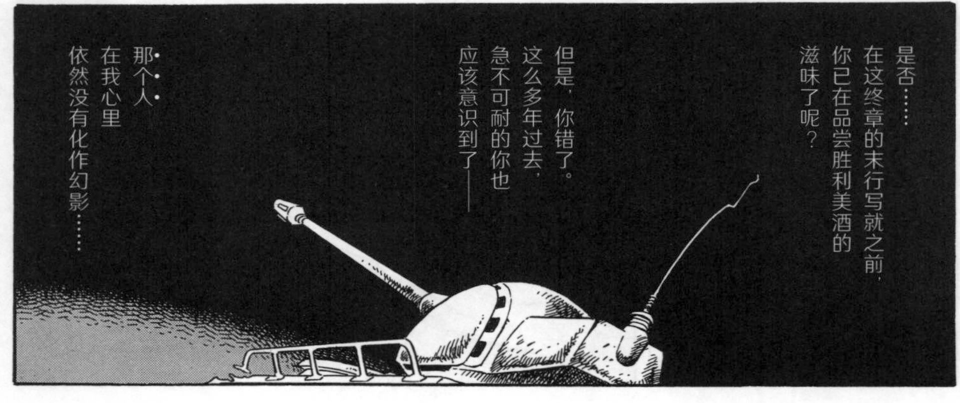
是否……
在这终章的末行写就之前，
你已在品尝胜利美酒的
滋味了呢？
但是，你错了。
这么多年过去，
急不可耐的你也
应该意识到了——
那·个·人·
在我心里
依然没有化作幻影……

……是的……
那个人……
呵呵呵……
您好呀，科科斯卡特老师。
叽——
哎呀，他还是老样子呢。
从早到晚都是这副书呆子样呢。
……

雨打屋檐，我心惘然。
雨落之声，盈满……
老师！
老师！
有什么问题吗？
『惘然』是什么意思啊？
『惘然』这个词在这里用来表达内心的状态。
意思是，
心里空空的感觉……

你的肚子也空空的，一直在咕咕叫！
プッ
扑哧
哼。
啊哈哈哈……

ジィーーイ
ジィーーイ
叽——

老师！科科斯卡特老师……
嗯……？

啊，不好意思，西泽尔老师……我在这儿读书，不知不觉就睡着了……
有事吗？
没……
没有，那个……
我没什么事……

嗒嗒
在这种地方睡觉很容易感冒的……
我先告辞了！
欸?!
科科斯卡特老师，您经常出游呢。
嗯？我并不经常外出啊。
不，我是说老师您真的很喜欢看书……
因为我见您经常在书的世界里畅游，对现实世界好像完全不关心似的……

哎呀，我真是的……
真是抱歉，说了些唐突的话……
ガタン
咔噔
哇呀！
其实……坦白说……
欸？
我并不是像你所想的那样沉浸在阅读中啦……
真是美妙的音色啊……
真的呢……
转瞬之间就消失了……

只是，这样能清楚记得多少呢？

这美丽的利维尔夜景，要是在今晚突然消逝，我们也会一直记得不会忘却吗？

听说了吗？国境线爆发武装冲突!!
很快就要开战了！
为了祖国和我们的城镇——利维尔，干杯！
科科斯卡特老师……
怎么了？
ハア
哈—
请问您有喜欢的人吗？
哎呀！
我……我真是的……
嗯……有过……
她因为生病发高烧，死了……
一定是位美女吧？
……

那时，我作为新任教师
来到这个名为利维尔的小镇，
然后遇到了她。她啊，
是个人见人爱、热心开朗的人。

老人和小孩只要听到她的脚步声，
就会感到安心。
镇上的小孩总是想赖在她的身边，
和她在一起时，孩子们都非常开心。
她就像光一样照进人们心里，
把自己的爱公平地散播给大家。
我从未见过像她那样的人。

她这么好的人，
却遭受了命运过分残酷的对待……

她患上原因不明的热病，
在不到一个月的时间里，
受尽了病痛折磨……
而我……
却束手无策……

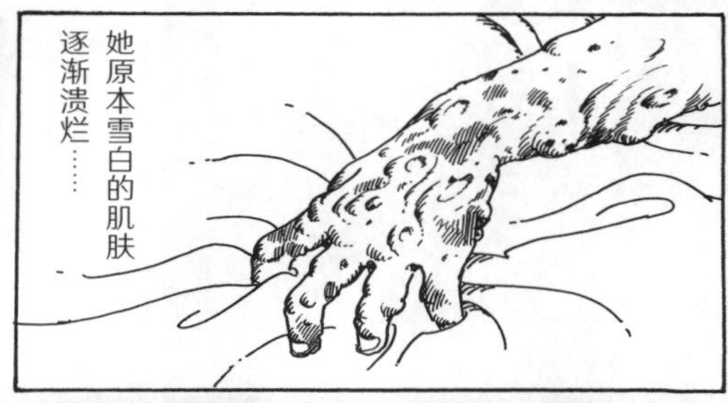
她原本雪白的肌肤
逐渐溃烂……

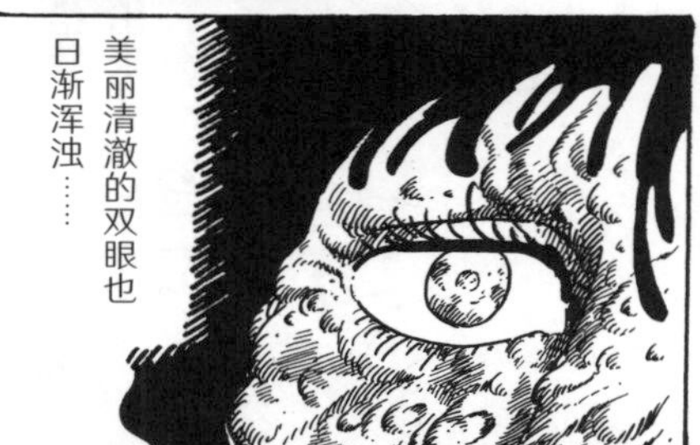
美丽清澈的双眼也
日渐浑浊……

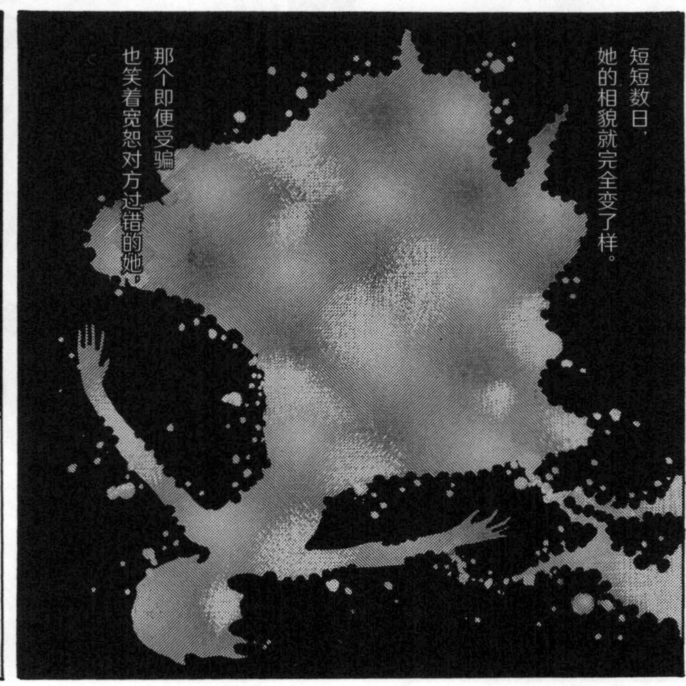
短短数日，
她的相貌就完全变了样。
那个即便受骗
也笑着宽恕对方过错的她，

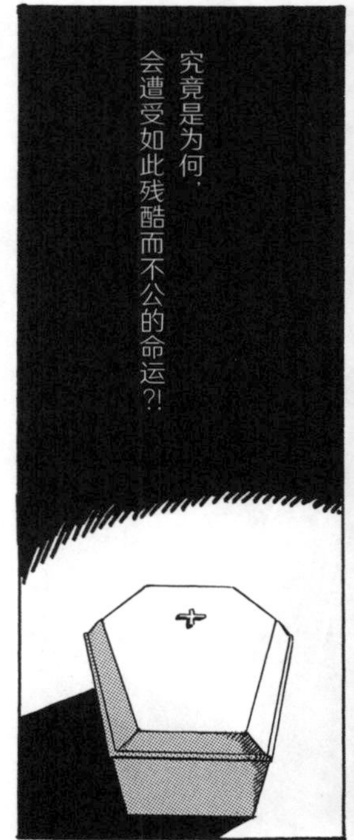
究竟是为何，
会遭受如此残酷而不公的命运?!

为什么?!
我在心里诅咒着，
诅咒那个将我心中的
光带走的家伙!!
将她化为幻影的家伙!!

给我
出来!!
出来！
死神啊!!
把她
还回来！
还回来——!!

我丧失了
活下去的动力——
死神啊，
你将现实中的光辉变作泡影，
在人心上投下抹不去的阴影。
然后，你定是
在高处得意地笑吧？

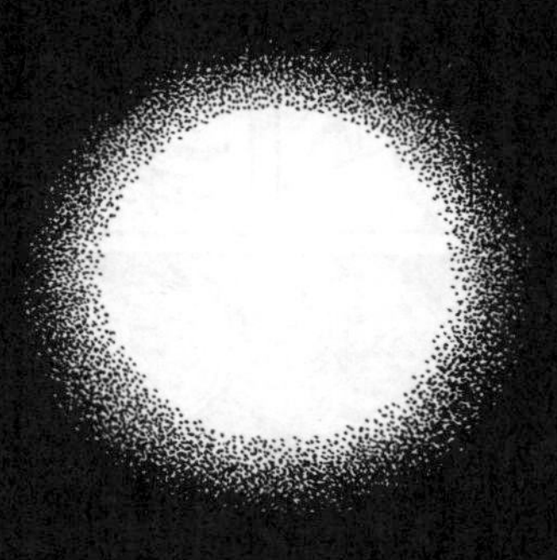
但别得意！
就算只是幻影我也当它是真实，
我已下定决心，活下去！
死神啊，
休想将她从我心里抹去！
不管过去多少年，
只要我还活着！

哈……
哈……

ズズッ
哈……
沙沙

ズズッ

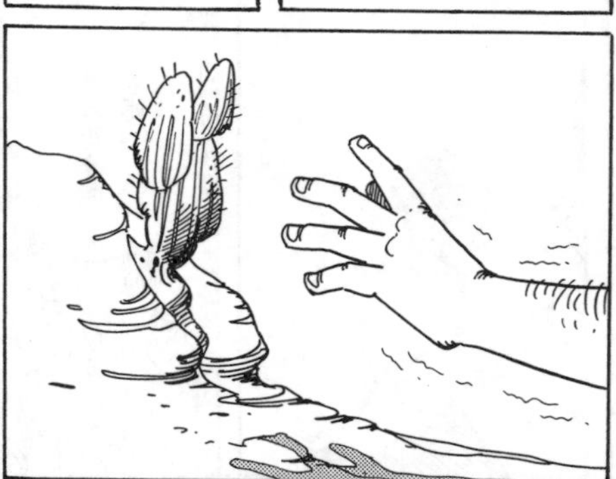

咳咳……
咳……
哈……
哈……
科科斯卡特老师！
！
老师！
请给我一个明确的答复吧！
是要一直无视我，还是说……
还是……说……
唉，我真是的……

科科斯卡特老师，
不知您调职之后，一切还好吗？
已经过去一年了呢，我……已经结婚了，等到秋天宝宝就要出生了。

老师……您现在还是在某个地方出游吗？
真是愚蠢的问题啊……
老师您……
为了能和那个人相见，一直都在出游吧……
追逐着心中的幻影……

哈……哈……

西泽尔老师……
我曾埋首书中，
堵住耳朵，
紧闭双眼……

只为让自己远离
日日夜夜的喧嚣，
让那个人的身影不要
骤然消失——
但最终……

ガガガ……
隆隆隆

ガシャア
哐嚓

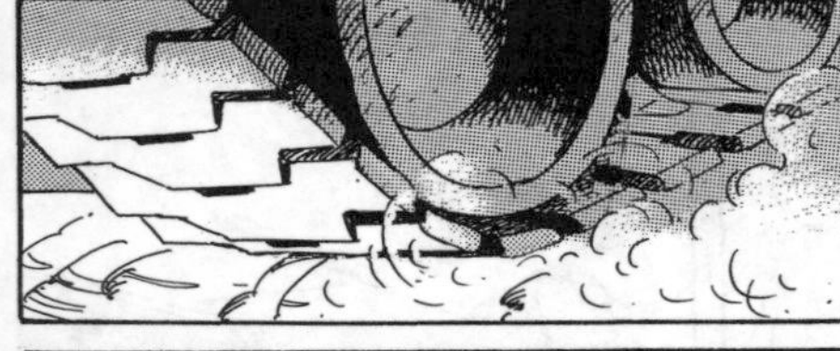

ダダダ……
嗒嗒嗒……
ザッ
嚓

啪嗒

ザッ

来了，
你终于来了……
死神啊！

我止住了断臂的血，
让你无法为我的
死亡倒数……

你已经等得不耐烦
了吧……
ザッ

ズッ
扑
ザッ
嚓

我……
我怎么会……

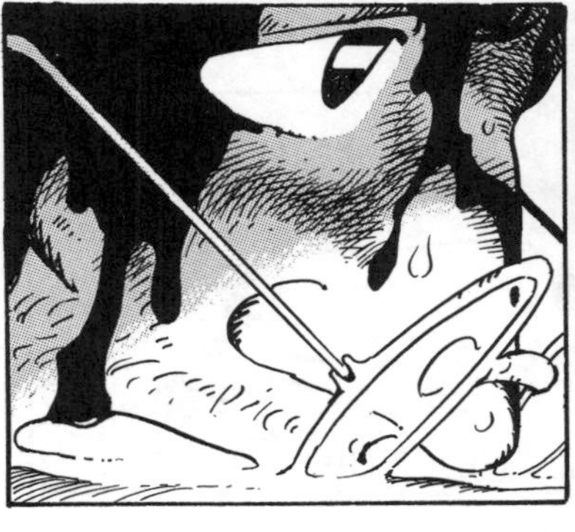

西泽尔老师……
我将一切都视作幻影，
视作与死神的正面决斗。

这就是我在幻影中
活下去的方式。

但是，
西泽尔老师，
你的出现让我开始动摇了……
我几乎就要放弃和死神的缠斗，
几乎就要将自己
拉回现实生活之中，
去触碰你的温暖……

但，我必须坚持和死神的对抗——
并不是我意气用事。

我第一次见到那个人时，
与其说是见到一位女性，
不如说像见到了天使一般。
我深知，只要我还活着，
就永远也无法忘却那样灿烂
的光芒……

但是，
我曾见到的那光芒，
就算是死，
也不会让你将其化作幻影!!

《海市蜃楼》完

ブルックリン日曜日

BROOKLYN

布鲁克林的星期天

チャッ
パアーーア
ガチャン
チーン
!
ACCOUNT
SOAP
25¢
69¢ 2 for 1 00
T.V DINNERS'!
Reg 2$
ゴトッ
NEWS

呀——
ドッ
咚
チャッ
嚓
ドン
咚咚
ドン
可恶！
呃——
怎么
回事?!
ウ——
唯唯唯
ガシャン
哗啦
！

站住！
嘭
咻
刺
吱
刺
哐啷
喊。
PAIN..

トンカ
丁零当啷
カン
トン
カン
トン

喂，憨包托米！
你有没有看到一个黑鬼小孩儿跑到这边来啊？
谁~呀？哎哟……
トンカ トンカ

那小鬼跑得真是太快了。

我说托米，难得的星期天你还这么卖力干活啊？
这破玩意儿究竟要修到啥时候啊？
クチャ クチャ

等修好了，要约漂亮小妞去兜风吗？嘿嘿嘿……
クチャ クチャ

我没那么受欢迎的啦……
トンカ トンカ

12号车！12号车！听到请回答！
有呼叫啊。

威罗比路的十字路口处发生盗窃事件，请尽快前往！
加速……

这里是12号车。
嘭

呼，总算是得救了……
喂，小胖哥，你为什么没告诉警察我在这儿？

总而言之，多谢你啦！你叫我萨姆就好啦！
呜啊！可恶，居然下手这么重……

哎呀哎呀，钱又全部花光了，真是不得不跟着大哥哪。
喂，过会儿去看个电影不？
トンカ
トンカ
哟！托米小哥！
你那屋子稍微有些乱呀～
我就给你收拾了一下……
我们哥儿几个待会儿给你带泡芙回来啊。
哇，我最喜欢吃泡芙了！
钱，拿出来吧。
说起来最近泡芙又涨价了啊……
这些钱够吗？
啊——差不多了。
大哥，剩下的钱咱们还去玩那个？
嘿嘿……

啊——？
别……
别听他胡说！
哦！
你这车总算有车的样子啦，
托米！
这可是他不惜用自己的工钱买来的废铁呢，不好好打磨怎么行！
咦，奇怪啊，托米小哥，你这个后视镜都已经锈掉了呀，嘿嘿……
欸？
怎么会……这样？
那个笨蛋，以前一直看着我们修车，就以为自己也能做修理工了。
他恐怕还要和那个破玩具再玩上一年吧！
把报废车的空架子卖给一个傻瓜，社长你也真是厉害呀，嘿嘿……
喂，我怎么感觉他们随随便便就把你的钱骗到手了！
别说这么奇怪的话啦。

他们可是我修车厂的前辈哦，大家都是好人呀。
而且他们一直都记得我最喜欢吃泡芙……
这样哦……
啊~~!
还没问你呢，你为什么被几个警察追到这里来？
哗啦
你干了什么坏事吗……？
我才没有干什么坏事呢!!
目前还没……
未遂……
嗯……?!
你怎么啦……？
我、我已经三天没吃饭了……

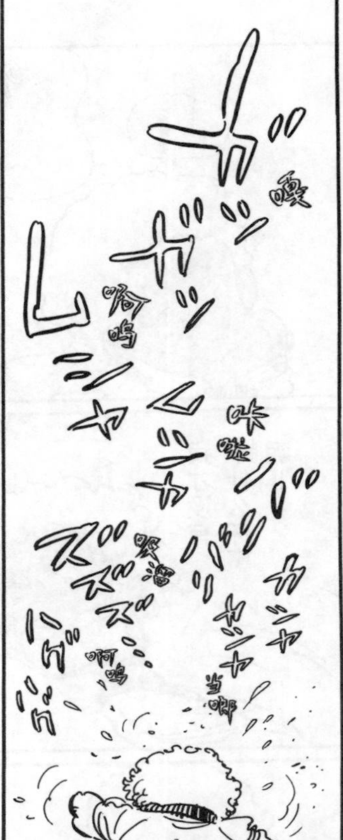
嘎
哈呜
咔嚓
吸溜
啊呜
当啷

真过分，啊呜，究竟是谁干的啊，啊呜，是刚刚那帮人吗？
他们休息日都会聚在这儿玩牌的……

这间房子就你一个人住吗？
看门的迈克尔爷爷晚上会过来……你呢？
咔嗒
我可没住处，我以前是孤儿院的……
『咕』……『咕儿院』是什么？

就是没爹没妈的孩子会被送去的地方。
我一周前刚逃出来。
被关在那样的地方，我连呼吸都觉得困难啊！
ゴッ
ゴクッ
我老爸和老妈关系一直都很差的……结果两个人同时人间蒸发了，我就被送去孤儿院了。
你呢，有家人吗？
有爸爸……妈妈……还有……
还有~还有~
弟弟和妹妹……还有……我最喜欢的波比！
波比？
狗狗哦。
我啊~~~其实还不明白……
完全不明白怎么回事啊……
哇哦哇哦。
我和爸爸的……我的第五个妈妈一起，开着车走了好~~~远好远。

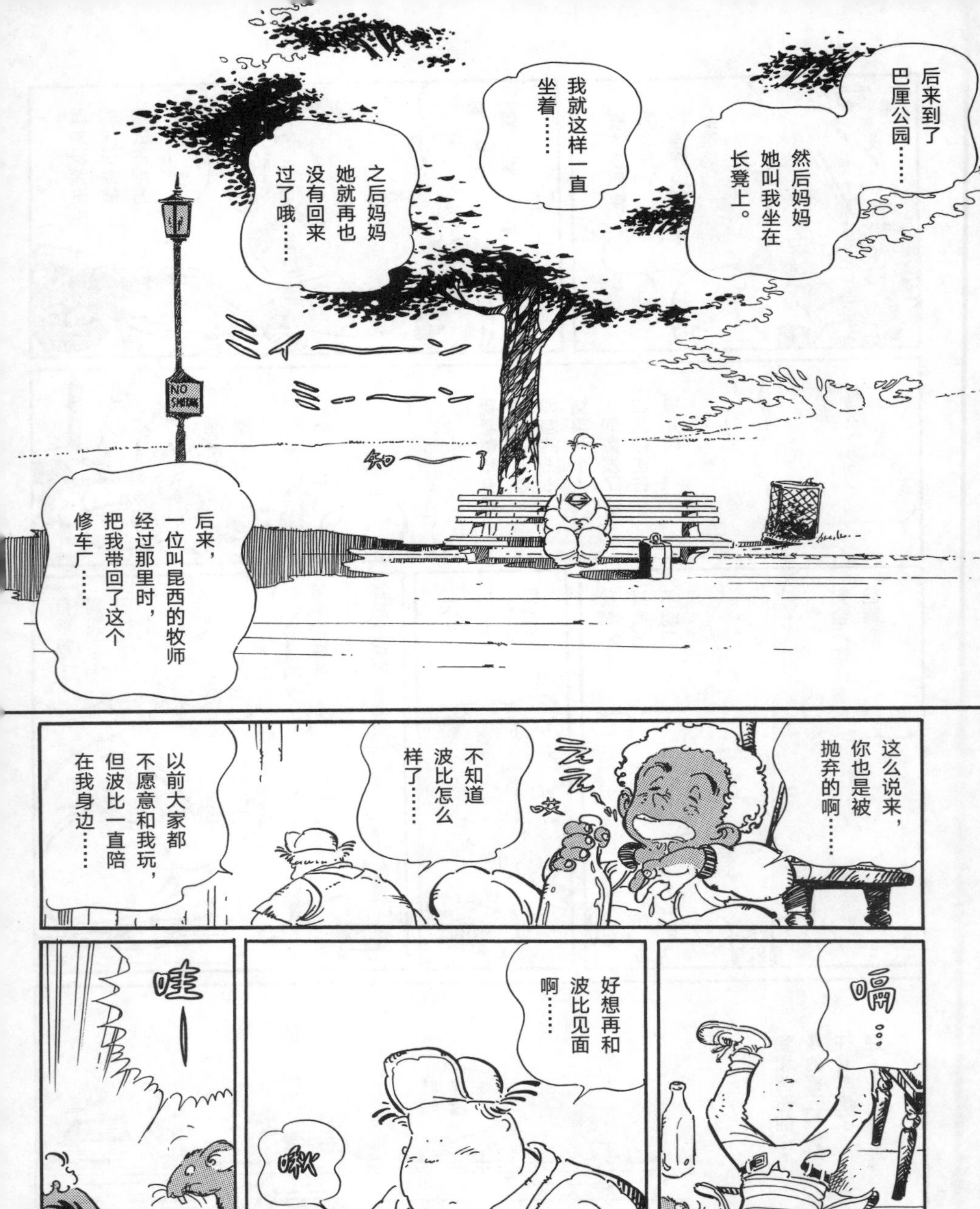
后来到了巴厘公园……
然后妈妈她叫我坐在长凳上。
我就这样一直坐着……
之后妈妈她就再也没有回来过了哦……
ミィーーーン
ミーーーン
知——了
NO SMOKING
后来，一位叫昆西的牧师经过那里时，把我带回了这个修车厂……
这么说来，你也是被抛弃的啊……
ええ
唉
不知道波比怎么样了……
以前大家都不愿意和我玩，但波比一直陪在我身边……
嗝……
好想再和波比见面啊……
啾
哇——

你不多吃点儿了吗？
真厉害啊！
这辆车的车主肯定是个黑帮老大吧……
真是太舒服了！
和孤儿院的床相比简直一个天上一个地下啊……
你这是在干吗？
前辈教我说这样做的话血液循环就会变好哦。
我每天都做三次。
你要不要也试试？
怎么样？
住、住手啊！我说住手啊！我的血液循环健康得很！

啪嗒
什么东西掉出来了……
扑通
唰
咿！
是小刀啊……
还来！
你拿着那种东西准备干吗呀？
很危险的哦……
哼！有了这家伙就没什么可怕的了!!
从逃出孤儿院到现在，不管遇到什么事，
我都是靠着这家伙撑过来的啊!!

就算没有这种东西，玛利亚大人也是会保佑你的哦。

玛利亚……？

ガラガラ
嘎啦

你看那儿。

那是自由女神啦……

电盒子！他说只要再换一个电盒子就可以开啦！

那下次发薪水的时候应该就能开动咯！

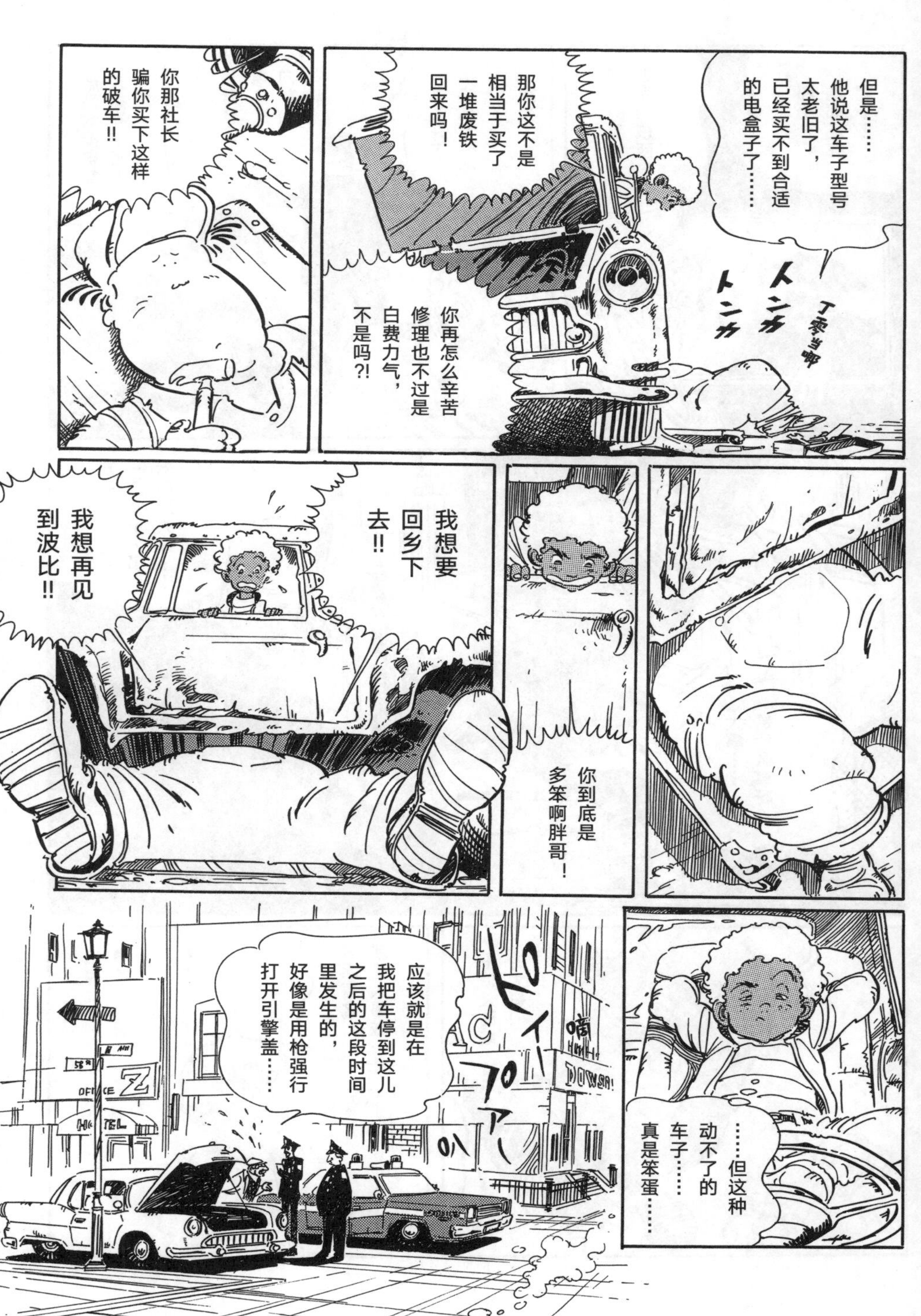
但是……
他说这车子型号太老旧了，
已经买不到合适的电盒子了……
叮零当啷
トンカ
トンカ
那你这不是相当于买了一堆废铁回来吗！
你再怎么辛苦修理也不过是白费力气，不是吗?!
你那社长骗你买下这样的破车!!
你到底是多笨啊胖哥！
我想要回乡下去!!
我想再见到波比!!
……但这种动不了的车子……真是笨蛋……
应该就是在我把车停到这儿之后的这段时间里发生的，好像是用枪强行打开引擎盖……
嘀
OFFICE
Z
HOTEL

居然偷配电盒
这样的东西……
真是怪人
啊……
向前！
向前！
ピピィー
竟然开了
这么大一个
口子……
真是……

你还有其他
失窃的东西吗？
那个……
钱都还在
呢……
クチャクチャ
嘎巴

我啊，
一定要干大事，
然后赚大钱……
ゴォー
大事……
是什么事呀？

这点我还
没考虑好啦。
总而言之，
就是大事啦！

干惊天动地
的大事！

然后，买一片超大的地，建一个超大的房子！再搞一个超大的泳池！
再来一辆超大超炫酷的车子！
超大的松松软软的床！
你啊……就那么喜欢超大的东西吗……？
超大的椅子、超大的桌子，超大的冰箱里装满超多好吃的!!
咔嚓
砰
バ
啊——
嘻嘻……
ガシャン
哐啷
ガシャー
嘻嘻嘻……

迈克尔老爹哦，别这样吓大家了，话说你哪儿来的枪呀……
来，我请你喝一杯。
カチッ
咔嗒
是我捡到的哟。
嘿嘿……真厉害。你不会是喝醉了吧？
ゴクゴク
我可没喝醉，我精神可好得很呢……
我来给你讲个笑话吧，嗝。
很久以前哪，哈莱姆有一个不管做什么都被别人讨厌的浑小子……
トクトク
除了抢劫、偷窃、杀人以外什么都干了个遍。
他那时就像刺猬一样把自己蜷缩起来……
尽管如此，他还是有唯一一件相信的事……

只要每天坚持喝牛奶，就会变成白人……
嘻嘻嘻……真是可笑啊，不是吗……
然后呢，那家伙现在怎么样了？他变成灰色了吗？
灰色……！
嘿嘿嘿……那家伙的结局可有趣了……
嘿嘿嘿……
嘭
呜啊！
喊……
呼——
啪嚓

12号车！12号车！
皮克斯路的酒吧发生枪击事件……
嘀——
嘻嘻嘻……
咔啦
咔嚓
呀——吼~~~！
是迈克尔爷爷！
你又喝醉啦……这样的话又会被抬进救护车的哟。
别管我！这可是我的精神良药啊。
哦？这谁啊？这个脸上涂了鞋油的小鬼是谁？
你说什么!!
生什么气嘛！再生气你也改变不了自己的颜色啊。
就这样，黑一辈子！嘿嘿嘿嘿……

喂，托米，给我点儿钱吧。
我不能再借给你了哦。
两美元就好啦！
不行的！
你夫人说过了哦，要是你再进医院的话，就完蛋了啊。
所以你还是少喝酒吧……
哼！你什么意思，明明是个呆瓜，居然还对我说教起来了!!
我、我并不是那个意思啦……
你夫人都哭了哦……
ゴロ
咣啷
你夫人一哭啊……
我也……想哭了……
哼！

嘿嘿……看看这个，托米！
啊，是电盒子啊!!
有了这个，破架子也能像野马一样在大街上轰隆轰隆叫唤了！来来，快给它换上！
但、但是……
你这家伙不是一直在说，想开车去见你的波比吗?!
但是……怎么搞到的呀……这个？
咳……
嘿嘿嘿……
这可是哈莱姆的刺猬小子隐忍四十年后的首次行动啊。
嘿嘿嘿……

啊？
我藏起来的酒居然都没了……
那帮浑小子，又带女人来折腾得乱七八糟！
喊！
咔嗒
电盒子装好啦！
托米，发动引擎看看！
嗯——准备好了吗？我要开咯……
轰隆

隆隆隆……
太棒啦！太棒啦托米！
动啦！动起来啦！
托米，真不得了啊你~~~
喂！迈克尔老爹！你最好老实点儿！把枪扔了！
嘿嘿嘿……

迈克尔爷爷，怎么回……?!
一边儿去!!
迈克尔爷爷，你是喝醉了吧？迈克尔爷爷!!
托米，你先到一边儿去。
喂！呆子！快离开那车!!
别多管闲事。
赶紧把你的枪给我扔过来。
你一定是喝醉了……

砰

你这可恶的黑鬼!!

住手！不要啊～～
バババ…
呵呵呵……
真是……想起以前的日子了……
ジュー
ウウ
咻
以前的日子啊……

你这是被赶出修车厂了吗……
嘿嘿
啊。

迈克尔爷爷为了我竟然去偷了别人的东西……最后还受了重伤……
那个老爷爷说的哈莱姆的刺猬小子到底是怎么一回事啊……

对了，托米……咱们一起去找波比吧！
欸？
但是……车子……
而且……我又仔细想了想……
我已经记不起来乡下在哪里了……
哈哈哈……
哈哈哈……
我们走着去吧！路都是连在一起的，只要我们一直走下去，总有一天会见到的！
欸嘿。
啊哈哈……是呀！只要走下去就一定能见到的啊！
是呀是呀，我们哪里都能去！
我们哪里都可以去的呀!!

那——来和这个地方告个别吧……
你要干什么呀？
我啊，从孤儿院逃出来时也是这么做的，不知道为什么感觉特别痛快！
欸嘿嘿……那我也和你一起吧。
哈哈哈……
欸嘿嘿……
哗啦

萨姆，钱怎么办呀？
偷就好啦……啊?!我的刀不见了!!
我把它扔掉啦。
看你干的好事啊！没那个的话……
没事的啦，玛利亚大人会保佑我们的……

《布鲁克林的星期天》完

火焰　遇水就会消逝
但也有火焰　在时间的长河中　长明不灭
仿佛隐约亮着
紫色的光

这紫光　是可以买到的
贩售紫光的商店　地球上有很多家
而为了购买紫光　纷至沓来的人们
究竟　有着何种缘由呢……

紫色火焰

已经春天了啊……
春天了呢……
啾

四月之后你就要去东京上大学了吧……

你老爸也到退休的年龄了，你们家也要搬走了吧……
还没决定好搬去哪里吗……？

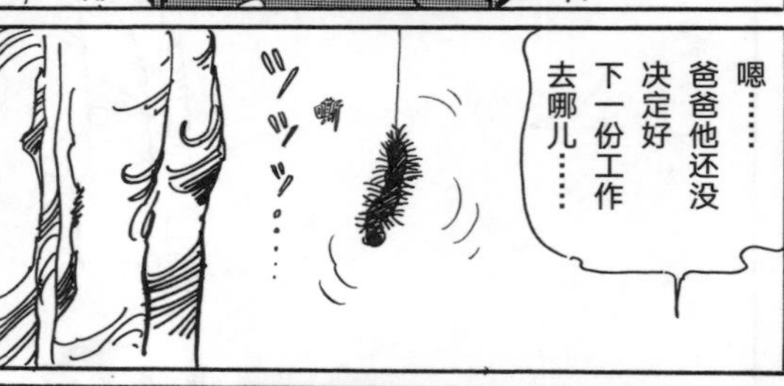

嗯……爸爸他还没决定好下一份工作去哪儿……

哇呀——
毛毛虫啊!!

啊……好疼……
你、你干吗呀！明明是个男生，竟然怕毛毛虫！
而且你竟然还把我推到一边去！只想着自己，真是难看死了！
明明是个男生!!

别这么无理取闹啊!!

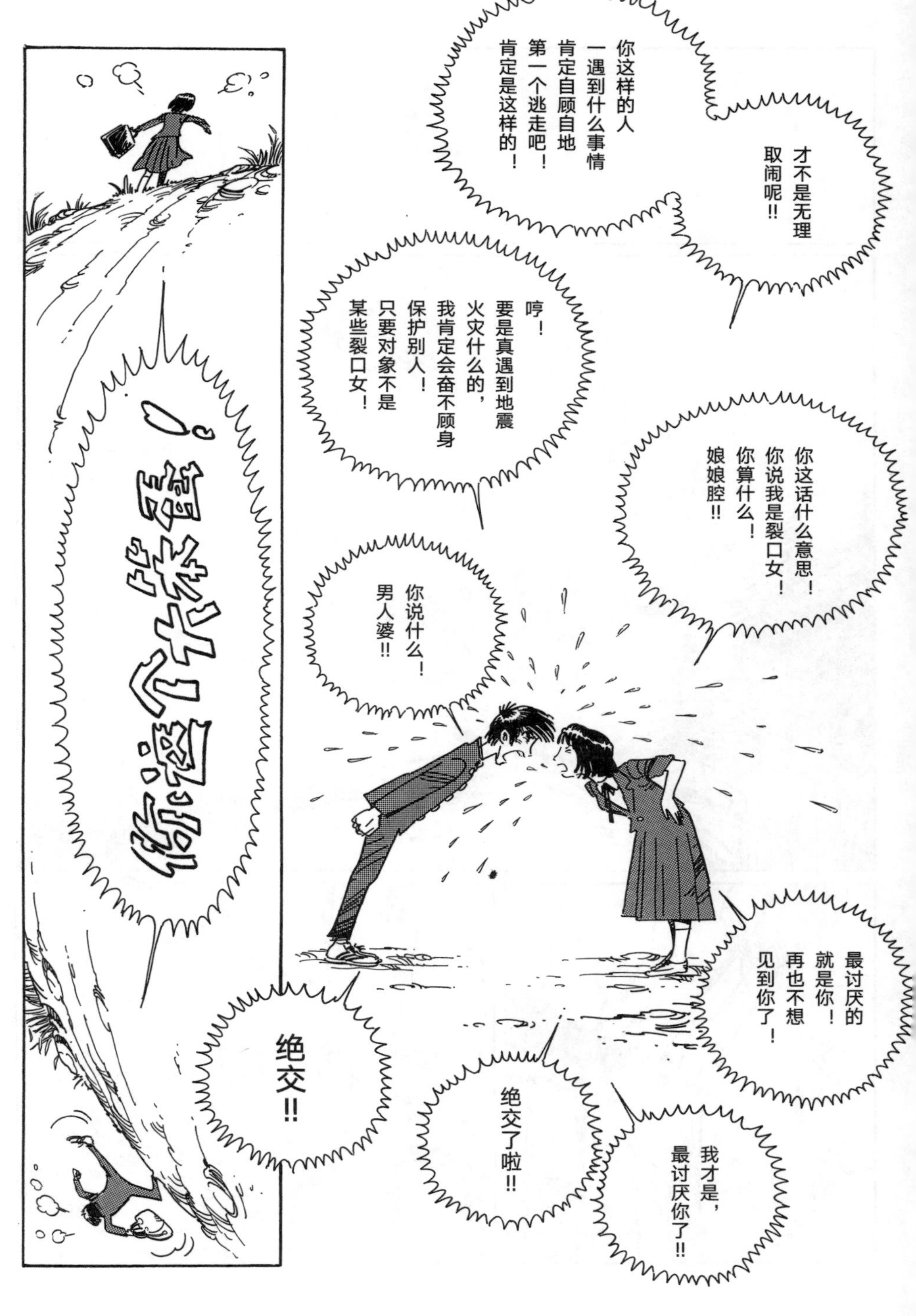

才不是无理取闹呢!!
你这样的人一遇到什么事情肯定自顾自地第一个逃走吧！肯定是这样的！
哼！要是真遇到地震火灾什么的，我肯定会奋不顾身保护别人！只要对象不是某些裂口女！
你这话什么意思！你说我是裂口女！你算什么！娘娘腔!!
你说什么！男人婆!!
你这个大笨蛋！
最讨厌的就是你！再也不想见到你了！
我才是，最讨厌你了!!
绝交了啦!!
绝交!!

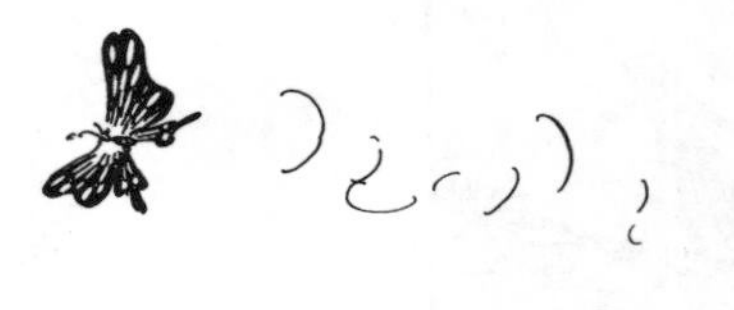

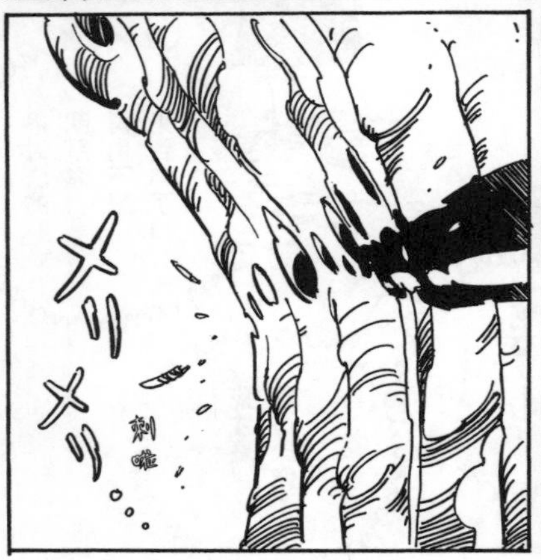
メリメリ
刺啦

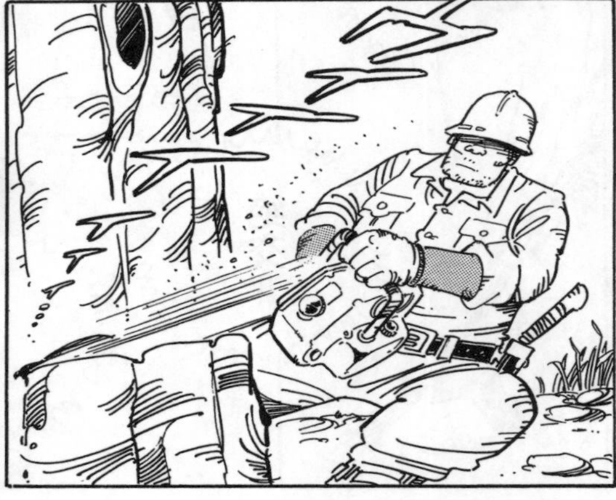

ザザザ
哗
ドバ
ガッ
咔
ゴオーッ
轰隆
ゴゴゴ……
隆隆隆

ビィーン
ビィー
嗡
ガチャ
咔嗒
ピィーーイ
嘀

……ゴゴゴ

……隆隆隆

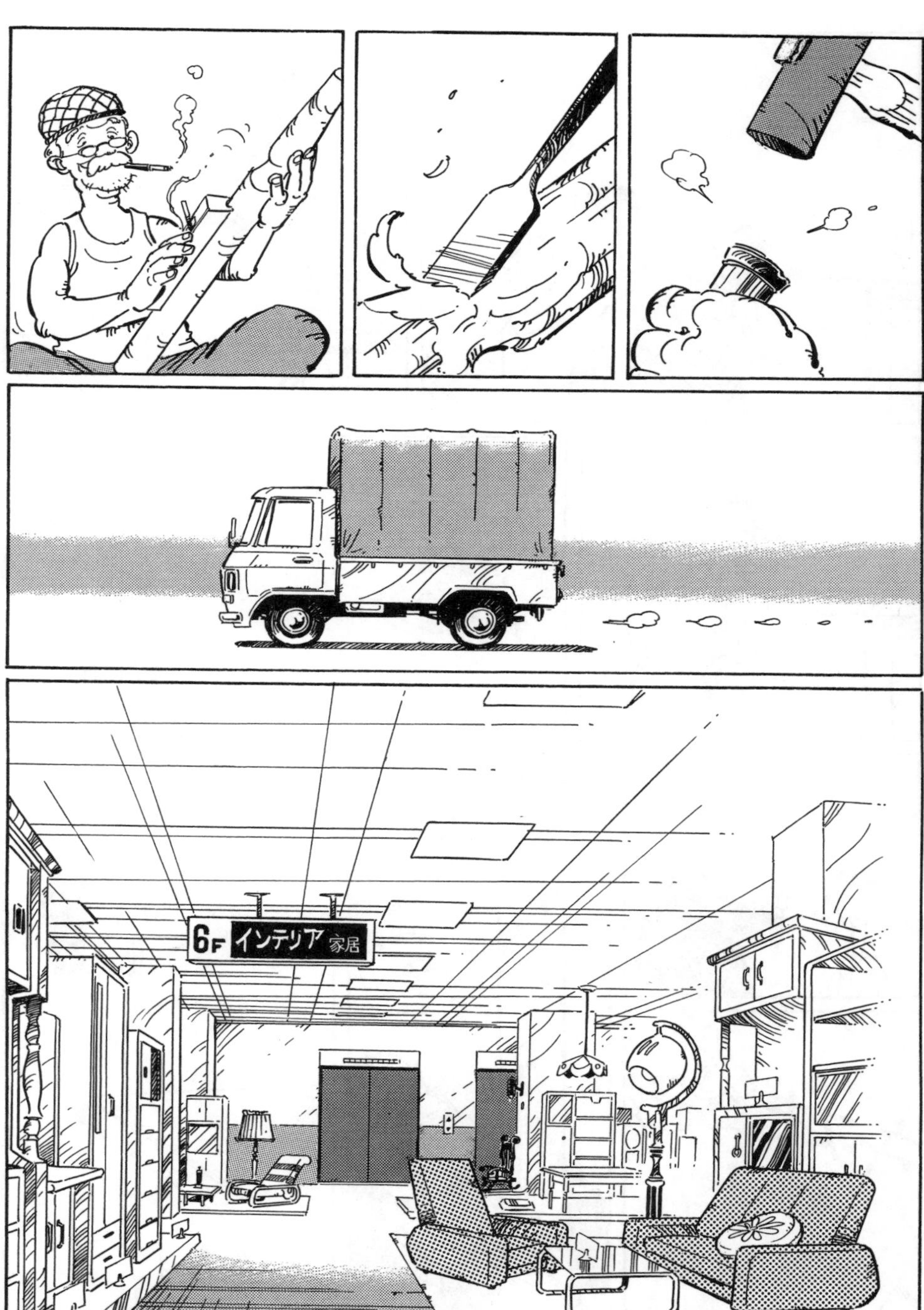
6F インテリア 家居

?
キズも
残次

¥45,000
残次品
キズもの
特价
促销
ディスカウント
セール!
¥30,000-

NO.12

咯噔
ゴン

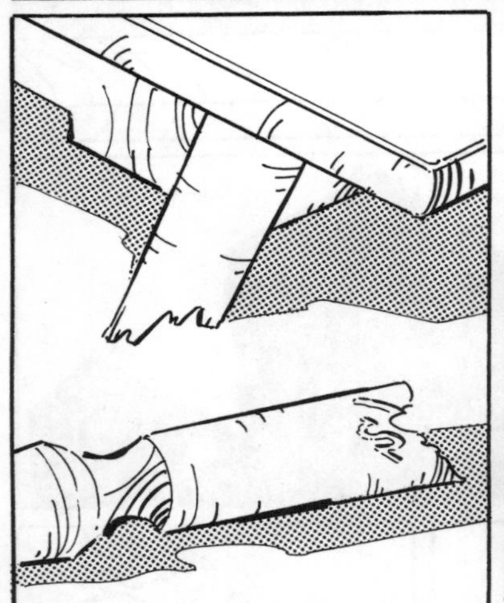

哈哈……
ここへゴミ捨てるな!!
此处禁扔垃圾!!

※黏合剂

ボン
ドライ
ーニング
CAFFEE

大バーゲン!!
セール!!
清仓大甩卖!!

啊

唔哇——!
要倒了!!

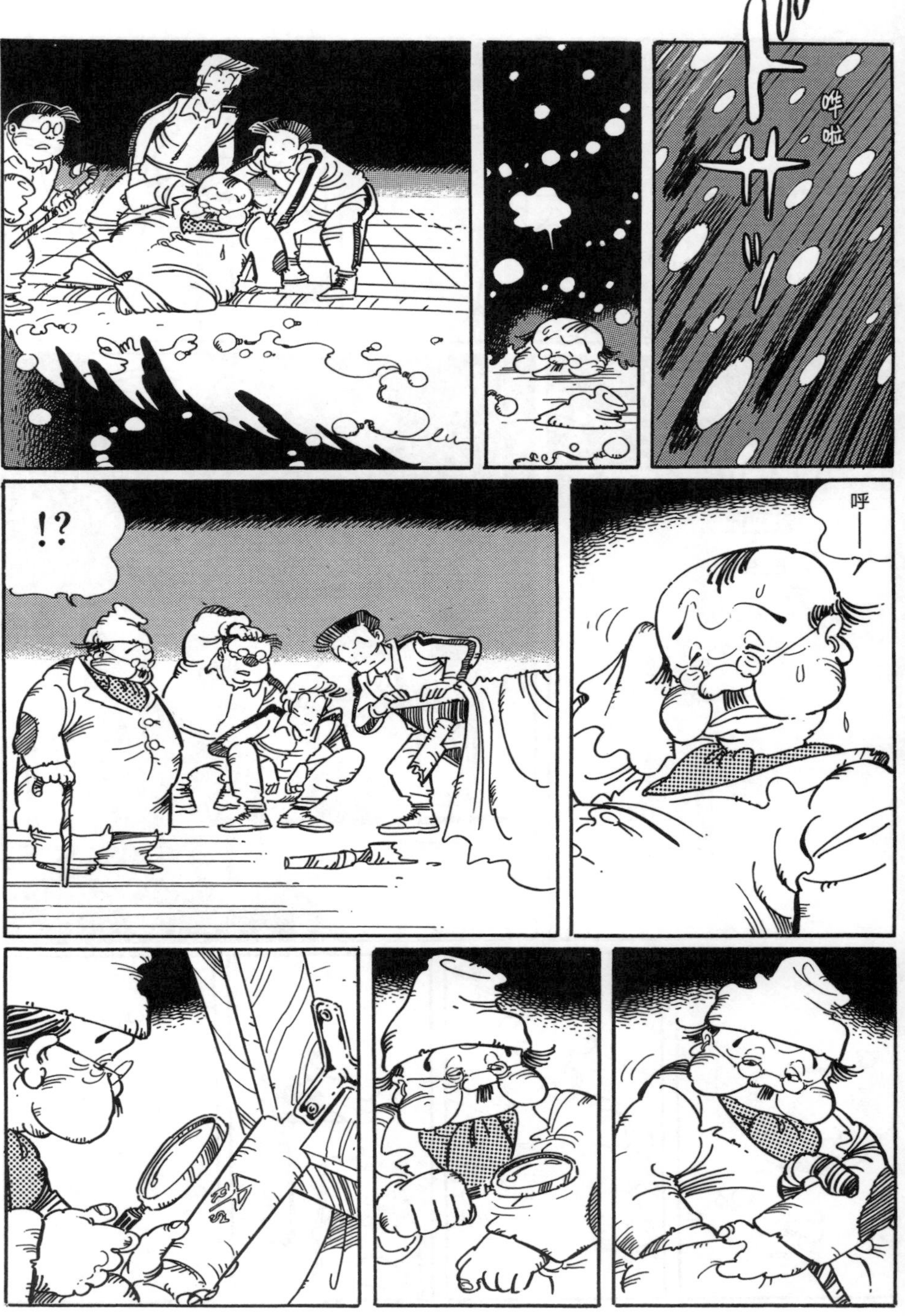
哗啦
!?
呼——

你想买
这个？

不会吧……
老爷爷，
这个多少钱？
真是不凑巧啊，
这桌子已经有
客人订下了。
多少钱都行，
请你一定把它
卖给我！

这可头疼了……总之已经是卖出去的东西了啊，我也没办法啦……
你这么想要的话，要不直接和买下它的客人谈谈如何……

正好，那位客人来取桌子了哟。

龙……龙一……!!

小节……!!

好久不见……

谢谢惠顾……
咣隆隆
七年不见的……
R和S啊……呵呵……

欢迎光临，觉得怎么样？
没有指针的时钟，发不出声音的留声机。
布满裂痕的花瓶，遗失了钥匙而打不开的旅行箱。

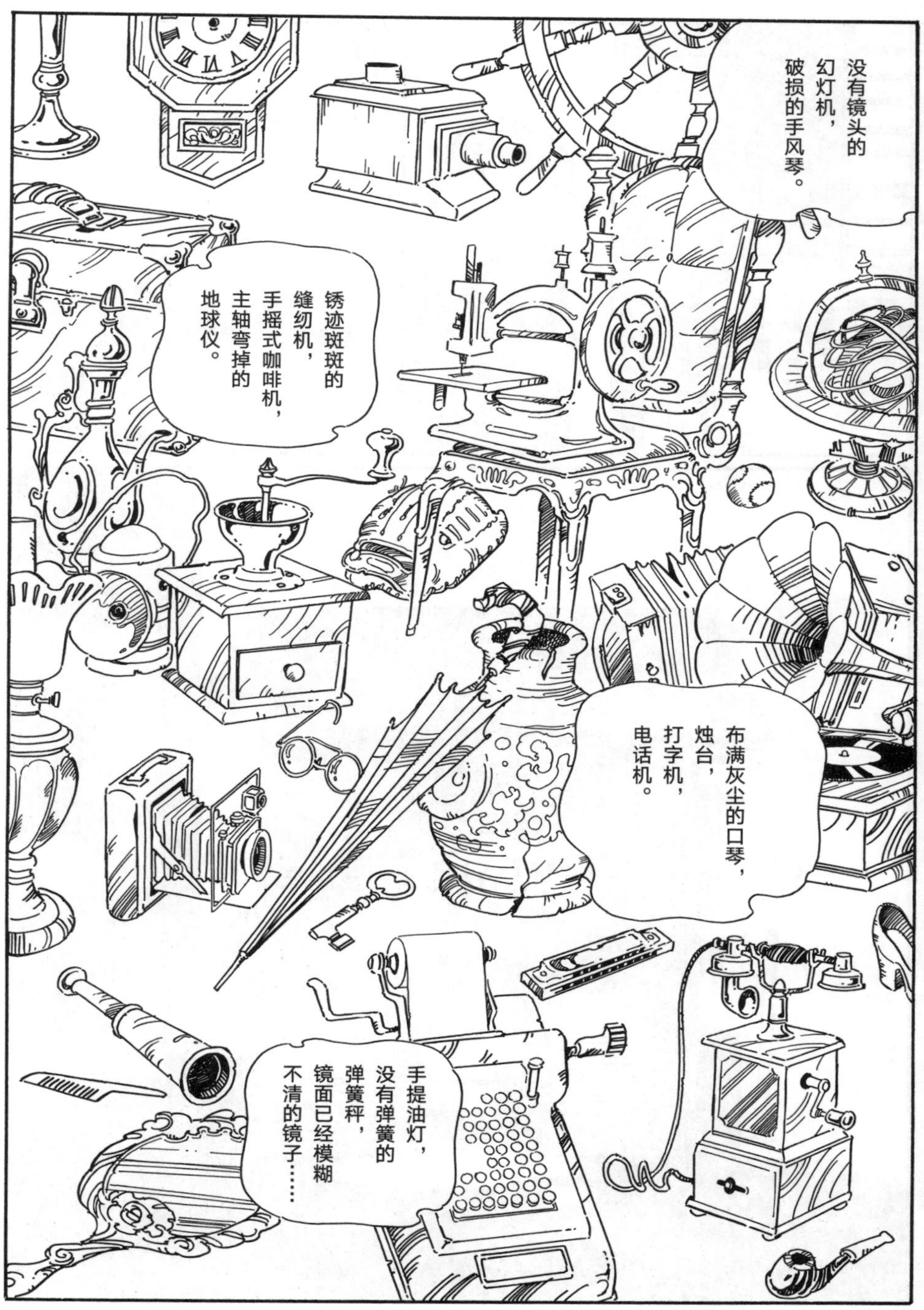
没有镜头的
幻灯机，
破损的手风琴。
锈迹斑斑的
缝纫机，
手摇式咖啡机，
主轴弯掉的
地球仪。
布满灰尘的口琴，
烛台，
打字机，
电话机。
手提油灯，
没有弹簧的
弹簧秤，
镜面已经模糊
不清的镜子……

《紫色火焰》完

司机老哥，塔科斯还没到吗？
前头就是啦……就是那个被向日葵花田包围的小镇。
你很面生嘛，不是本地人吧？
ゴゴゴ
隆隆……
啊——我在找一个叫霍瑟的男人。
向日葵花田
ひまわり畑

前段时间借了些东西给他……
啪啦啦啦……

嗖

霍瑟啊，那个小镇里确实有这么一号人呢。
是个像野牛一样的大块头吧？
可不是嘛，大家都管他叫野牛霍瑟呢！
欸嘿嘿……是个人物呢，欸嘿嘿……
隆隆隆……
哎——能看到前面的小镇了。
在塔科斯那种小地方，他可是唯一的名人啊……

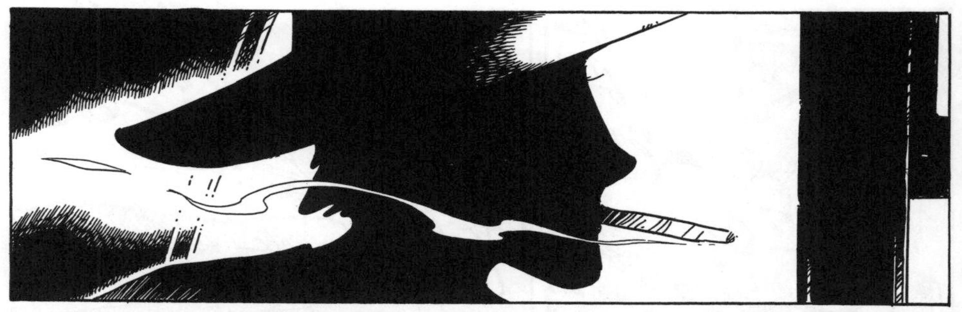

咔
扑通
吧嗒
啪
呜!
呸——
你这混蛋……
哇啊——

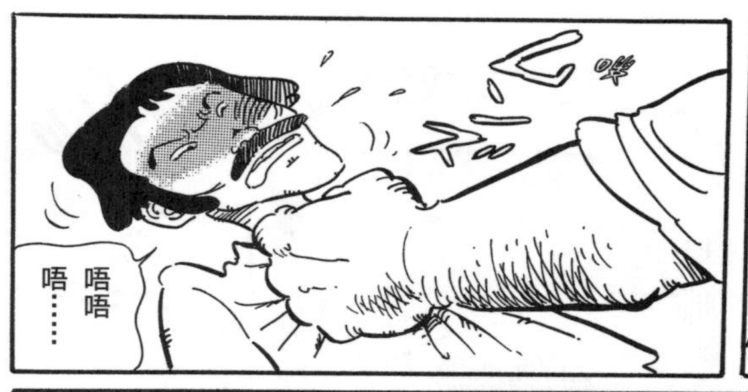
唔唔
唔……

哥哥！住手啦!!
竟敢出言骚扰我妹妹，你这个混蛋玩意儿!!
唔——不行了呃——

啪嚓

隆隆隆……
嘀嘀

呜呼……

嘎吱—
X-217
通

哎呀哎呀……

欸嘿嘿嘿……
噗噜
BAR

ギイッ
吱呀

哟！霍瑟！

唔嗝～
你还是老样子嘛，搞这么大动静，嘿嘿嘿……

噗

丽塔！回去了!!
BAR

你啊，少跟那些乳臭未干的混球拉拉扯扯的啊！
哼，我和谁说话要你管啊！

少跟我叽叽歪歪的，快上车!!
呀——
我们是来买粮食的，不要干些多余的事！
我已经不是小孩子了，你少管我！
你说什么!!
忽
唔？
鞋子掉了哟。
你——是你!!
好久不见，终于找到你了啊。
啊，谢谢你。哥哥，这是你朋友吗？

哗

我叫托普洛，
幸会!!
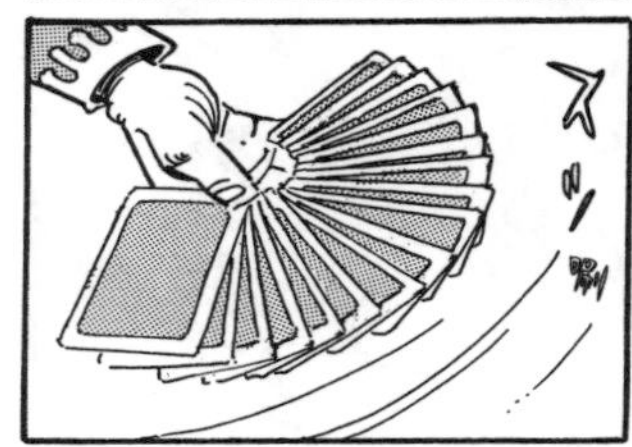
唰

哇，
好厉害！
来，
抽一张牌吧，
美丽的小姑娘，
算是我的
一点儿心意！
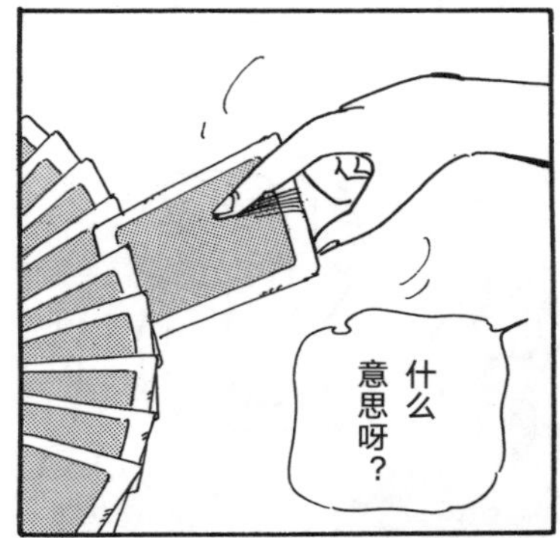
什么
意思呀？

住手!!
不要碰这个
骗子的牌！
啪嗒

这只是
打个招呼嘛。

听我说，
你先回家
去！

别到处逛，直接回家！
嘎啦……

咔—啪
真是个可爱的姑娘呀……你的妹妹……
恐怕男人都很难不对她动心吧。

霍瑟你个野牛！蠢猩猩！臭野猪！去死吧！
吁！吁！
给我停下！

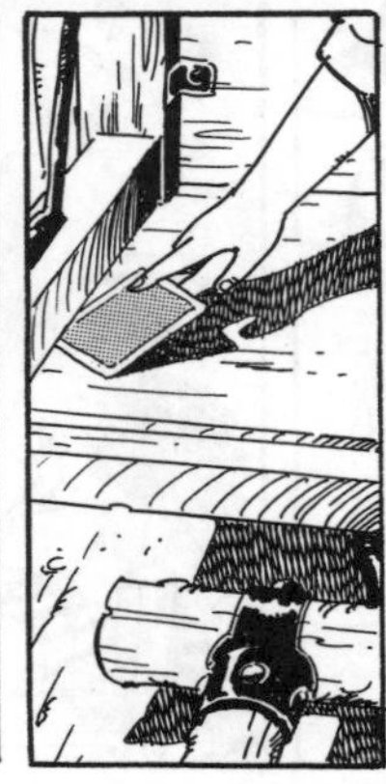

『算是我的一点儿心意』……

到底是怎么回事啊……？

你说你这么大个人，竟然在摩勒巴斯镇突然消失得无影无踪，当时可真是让我着急啊。
也是啊，毕竟输了那么大的赌局，换谁都会悄悄溜掉的吧。不过这可不像你会做的事情呀！
别、别说那么大声，我能听见。

我才不是逃走躲起来了!!

哦？那是怎么回事？突然就想把厕所的小窗打开，然后连夜跑回这个小镇？
我找了你好久呢。
不过，毕竟你块头这么大，我知道不用多久就会再见到你。

好啦！快把扑克赌局的赌注都还来吧。
你当时可是把整个向日葵花田都赌上了，你输了！现在花田已经是我的了！
呼

我不会付任何东西给你那骗人的赌局!!
哎呀哎呀，都这时候了还想不开啊，就算把你赖着赌金灰溜溜逃走的事在镇上传开也没关系吗？
这可对不起野牛霍瑟的大名啊。

等、
等一下啊，
我又没说
什么东西都
不付给你啊……

但是啊，
向日葵花田还是
饶了我吧，
要是没了那片花田，
我和丽塔连饭都
吃不上了……

这样啊～～
你那一带都是
种向日葵的？

说起来，
我在车上看到
的那片向日葵
花田里，
有半英亩*已经
属于我了呢。

我呢……
也稍微有些过腻了
流浪生活……
就这样在这儿
安定下来也
不错哪……

你要来
种向日葵……

呵呵呵……

还是算啦，
花田什么的
我才不要!!
和我的个性
完全合不来啊！

是、是啊，
我也这么
觉得啊……

*1 英亩等于 4046.86 平方米。

啊哈哈，和你完全合不来啊，
嗯，是的！是这样的！啊哈哈哈……
再见啦！啊哈哈……

作为交换……

把丽塔给我！

你、你说什么!!

既能保住你维持生计的花田，又能少一人的家庭开销，不错的提案吧？

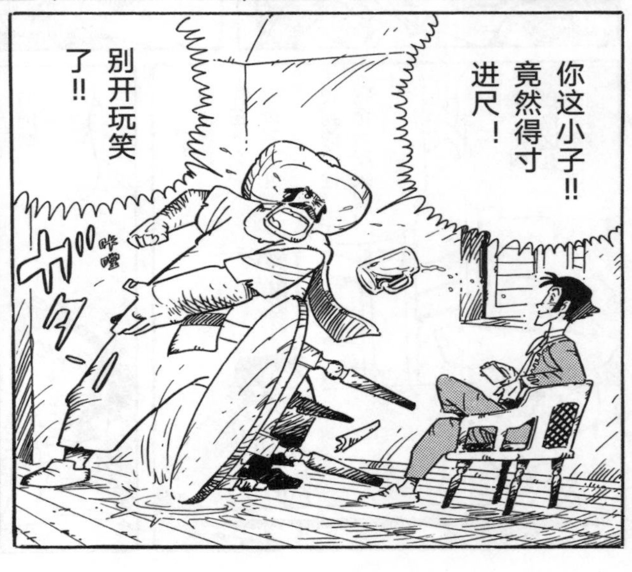
你这小子!!竟然得寸进尺！
别开玩笑了!!
咔嚓

又、又要砸店了啊……
霍瑟那家伙真是的……

我等你
一周时间，
友情赠送的哦。

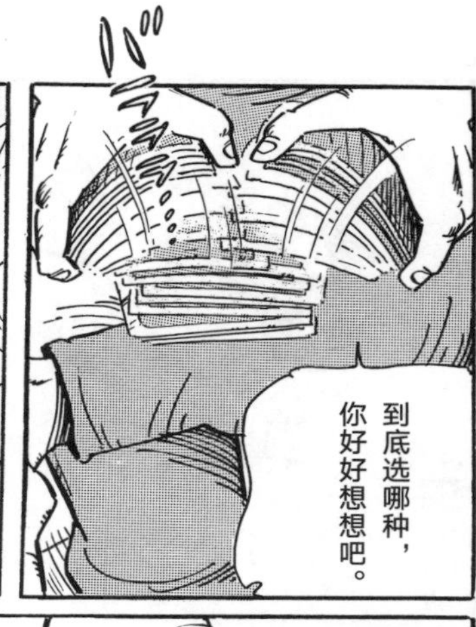
到底选哪种，
你好好想想吧。

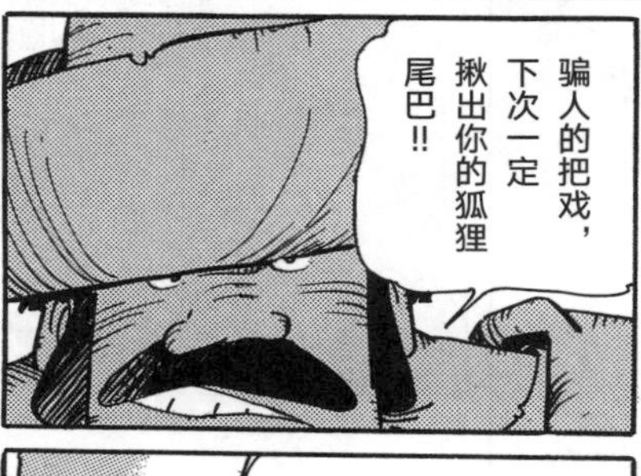
骗人的把戏，
下次一定
揪出你的狐狸
尾巴!!

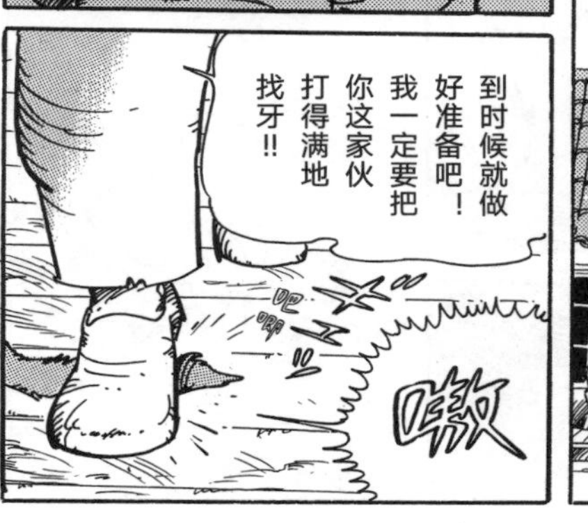
到时候就做
好准备吧！
我一定要把
你这家伙
打得满地
找牙!!

喂！
大家尽情喝！
今儿个托普洛
先生请客！
有谁想
来一局扑克吗？
赌注就五十比索！
来吧来吧！
那个
混蛋！
BAR

汪

呜嗷！
哎呀！

这可真是了不起！你是职业的牌师吗？
算是吧，
我对这双没有瑕疵的手自信得很呢。
我生下来可从没用手碰过锄头一类的东西啊。

就靠着这一副牌从北走到南，鸭子们自己带着葱送上门来*，好运就像是狗皮膏药一样一直跟着我。
说真的，你真是个幸运儿哦，因为你见到了我……呵呵呵……
哈～～啊，看来今晚可以做一个好梦了……
等等呀——
你准备一个人睡吗……
咻
你那迷人的微笑，以及……
啪嗒
你那可爱的鼻子……
还有你那令人怜惜的红唇……
请无论如何也不要在我的梦中出现啊。

*日本俗语，形容好境遇。

什么!!

ダダダ……
嗒
バタン
嘭

哥哥。
哥哥——!!

到底去哪儿了，一大早就不管花田自己跑出去……
谁?!

哟！
你是……

啊，是你啊……

我就来附近散散步，结果竟然在这里睡着了！
毕竟现在这个时候酒馆还没开门呢。

啊不行!!向日葵

别碰向日葵……

真是美不胜收啊……
心情不好的时候我都会来这里……
你一直在不同的城镇流浪吗……？
嗯，在同一个地方久居可是禁忌！糟糕透顶呀！

啊……不，不是，我这人无亲无故，子然一身，成年后就一直这样颠沛流离，哈哈哈……

パラララ…
根据抽出来的牌决定我下一次的旅程！

真好啊，我从出生到现在就像在这片土地上扎了根一样，从没去过别处……跟向日葵一样。
其实那些乡镇都大同小异啦。
ララララ…

パチッ

ガラガラ
是哥哥回来了！

君子不立于危墙之下，Adiós, amigo!*

*西班牙语「再见，朋友！」。

哥哥，你跑哪儿去了！我一个人从早上忙到现在，累死我了！
给驴子喂水！我待会儿还要去镇上一趟！

这个钱是哪儿来的？
没什么啦！

我知道了！你又去找油店的老爷爷把下次的货款先要来了吧!!
你又要去赌钱了吧！
吵死了！不要用死去老妈的口气和我说话啊!!
哥哥才是呢！变得和死去老爸一模一样！老爸就是因为喝酒赌钱，把花田都搞丢了一半！
再这样下去剩下的花田也要没了！笨蛋！笨蛋!!
ポカッ
ポカッ
ポカッ
啊疼疼疼……
吵死了!!
这是什么？
啊，是那个混蛋骗子的牌啊，哼！装作一副绅士的样子！
那人就是个浑小子啊，出老千当喝水一样随意！这种东西赶紧扔了吧!!
等等……我倒有了个主意……
你这个饭桶!!

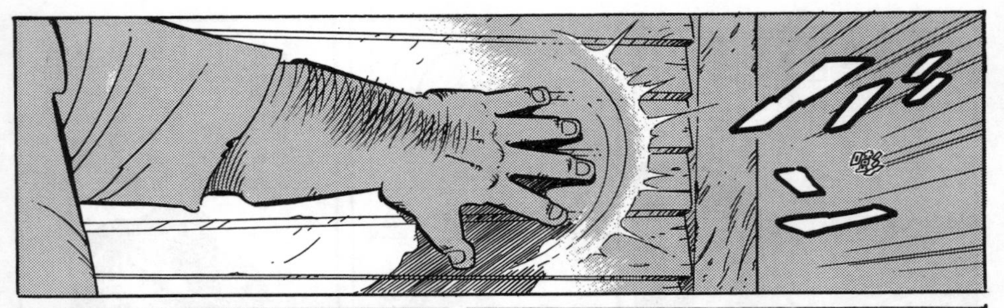
嘭

喂，托普洛！一对一决个胜负怎么样？
我带了钱！

之前欠下的东西我都还没收到呢。
喂霍瑟，这家伙从昨天开始就没输过啊，还是别玩儿了吧……
这可是为了你好啊……

嗵

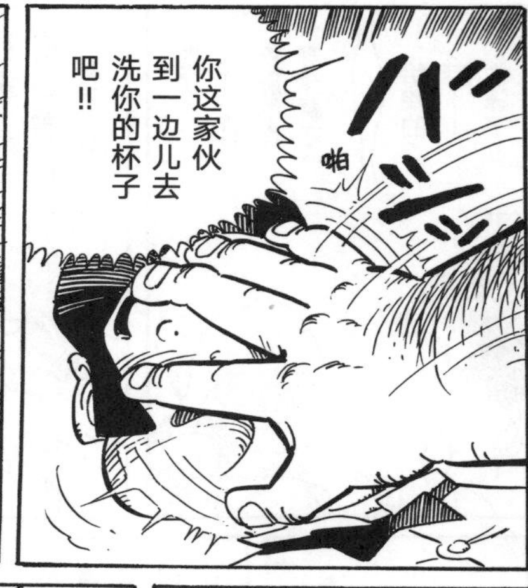
啪
你这家伙到一边儿去洗你的杯子吧!!

好啊，来吧！

你怎么说?!

今天要两罐哦！
今天早上啊，我被霍瑟从床上打醒，感觉他异常生气……
今年都没怎么下雨，再不赶紧挖口井的话向日葵就都要遭殃了啊，真是的！
唔
嘿咻

爷爷，你以后不要再提前给哥哥货款了。
那个浪荡公子又去酒馆了？呵呵……
男人们真是的，为什么那么喜欢赌钱呀，真讨厌！

我说丽塔，你干活儿真是努力呀，而且完全长成大姑娘了呢。

对了，我买了件衣服给你，穿穿看吧。
给我的？哇——太棒了!!

我已经好几年没买新衣服了！

怎么样？
哟~~哦，真是好看，简直是闪闪发光，让人惊叹呀！

呵呵

你、你在干什么呀？
我呀，觉得你真的好可爱，好可爱哟……

住、住手啊！给我滚开啦!!

放开我啦！你这个色老头!!
扑通
啊呀——

你，竟然对老人家动粗！哥哥是野牛，妹妹就是脱了缰的野马！呼——
老人家请你有老人家的样子啊！下次再这样我可要跟你翻脸了!!

给我等等!!葵花油的钱你还没给我呢！
霍瑟之前提了货款……
哥哥拿的那是哥哥的事！

走你！

你已经没有筹码了，怎么说？
唔……
……可恶。

哇呀——！
别让我再见到你！你这个大混蛋！

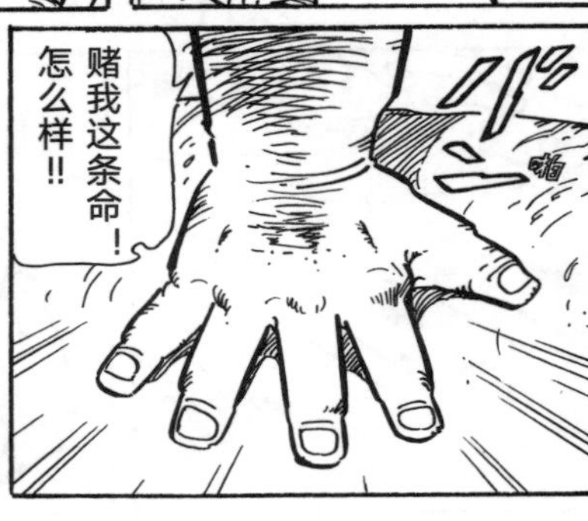

赌我这条命！怎么样!!

霍瑟，你脑子发热了吧！
冒着失去花田和丽塔的危险……
如果我输了，我就把这条命给你！
但如果我赢了，之前我输掉的就一笔勾销，如何？
赌上了你的命吗？
真是美妙啊，呵呵呵……
好吧！

但是……这次我可不会让你得逞。

既然你玩的都是骗人的把戏，那我也……

*牌型术语，『三条』指三张相同的牌，『葫芦』指三条加一对。

那张牌……是我给丽塔的那张……
这样一来我做四条的计划就泡汤了，竟然把我最得意的牌局破坏了……
而且，竟然还想揭穿我出千……
真是大意了……
哼哼哼……
来吧，你是打算把那张牌揭开呢，还是就这样老老实实回去呢？
……
啪嗒
呼
啊哈哈哈哈哈……

啊哈哈哈哈……
这、这到底是怎么回事呀？
咿嘻嘻……
那家伙明明赢了呀……？？？
欸嘿嘿，谁说那家伙赢了？
他……他赢了!!
嘎啦
ガラガラガラ。。。
哑—
カァァァ
哼！
一个个都那德行，只知道赌钱、赌钱！
真是够了！

油店的爷爷最近腰疼得厉害，所以我正好就把这份差事接下来啦。

但是……

我呀，突发奇想想来一场押上巨量筹码的赌局，而且这次不用我的扑克牌来赌！

当然，也不会出千使诈啦，哈哈哈……

你在说些什么呀？
这次的赌博我只想堂堂正正地献上一张——
红心A！仅此而已！
到底什么意思呀？
我看上这片土地了！丽塔，上次你说你很像向日葵对吧！
希腊神话知道吗？
喂！等等！等等〜〜！
扑通
哎哟！

海精灵爱上了太阳神阿波罗，她站了九天九夜，久久望着自己苦恋的阿波罗——
苦苦守候的她最终化为了一株向日葵！
你虽然和向日葵一样耀眼迷人，但我不会让你变成那样的向日葵~~~!!
哈——？
自大的家伙……
呵呵……

《向日葵花田》完

※在海岸地区，早晨与黄昏有两个时段处于海陆风环流中一时无风的状态，早上这一时段被称为朝凪。凪，日文汉字，意为风平浪静。

那是我十三四岁时候的事了
每当来到这座名为伊巴拉的森林
总会有一个老人和一只狗
蹲坐在树荫下的身影
伴随着那段闪耀而令人怀念的日子
鲜明地浮现在我眼前

丁零零
ギイ
吱

欢迎光……
又是他，还挺准时。

叩

のそっ
慢吞吞

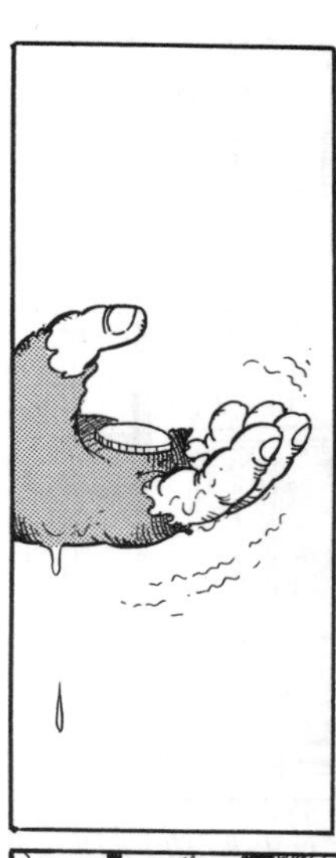

*100 欧尔等于 1 克朗。

哼！那个病病歪歪的乞丐，竟敢让我弯腰来捡钱！
我们做买卖，东西干净可是最重要的啊！让那样的人进来，其他的客人看到都不会来了！
但他只不过买点儿面包屑……而且毕竟付了钱，也没理由赶他走……
没有人知道那个老人的名字。很久以前，老人毫无征兆地出现在小镇上，租住在镇外制鞋厂一间废弃的旧仓库里。

制鞋厂的主人，克罗伊茨先生最开始也犹豫是否要将仓库租给他，
但仓库空着也是空着，想到还能挣点儿租金，最终便答应了。
老人总在小镇上来回游荡，若是哪家有杂活需要帮忙，他便上门挣点儿小钱，这就是他的收入来源。
ガタガタ
唔——
ガタン 咔嗒
ゴトッ 咣当
呼……
咻
ヒュー
咕

看呀！我钓到了一条老狗！嘿嘿嘿……
嘻嘻……哈哈……
嗷呜嗷呜
啪嗒
它怎么不动弹了！
原来还活着呀！这条脏兮兮的老土狗！
呜呜……
嗷呜嗷呜
咔哒
咔嗒
老头子回来了!!
彼得！快逃呀！
啪嗒

ズッ
ズッ
刺哇
チャポーン
チャポーン
ピトッ
ピトッ
ピトッ
嘀嗒
チャポーン
ガシャーン
ガシャーン
哐当
唔—

哇哦！是老不死的老头和老不死的土狗！别再苟延残喘了！赶紧去死吧！
我老爸天天都在说，一个脏兮兮的乞丐在镇上走来走去的！

ヨロッ
バタン

嗷

太碍游客们的眼！现在游客连纪念品都不买就直接回去了！
要么赶紧滚出镇子！要么赶紧上天堂或是下地狱去吧——！
老不死的!!

哇！生气了！生气了！老不死的老头生气了！
ドシャ
ドッ

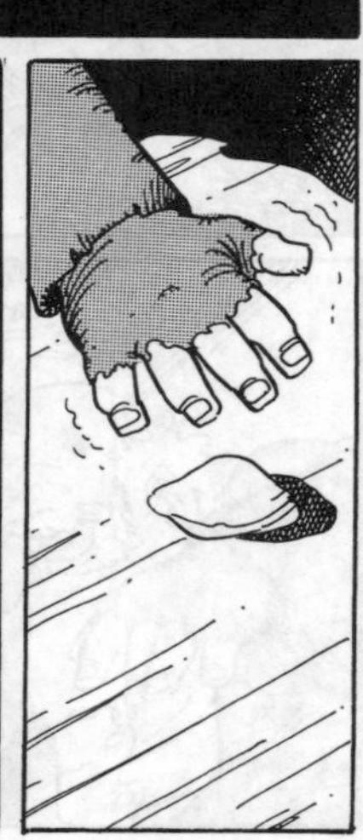

喂！彼得！别磨磨蹭蹭的呀！
ドシャドシャ
真是奇怪的家伙啊。
别管他！别管他！那家伙本身就是个怪人！
ピトッ
ピトッ
嘀嗒
コトッ
咔嗒

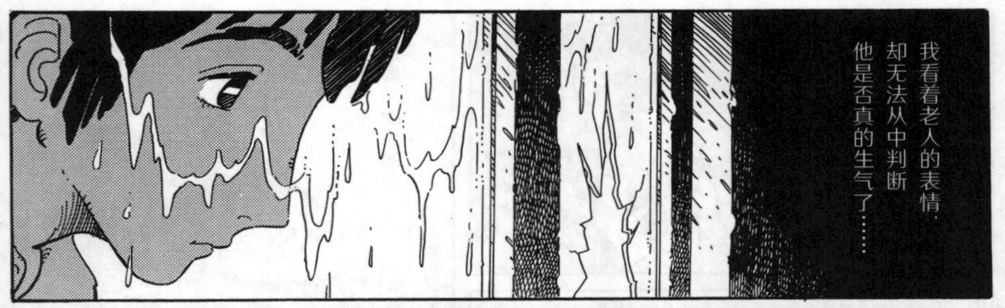
我看着老人的表情，
却无法从中判断
他是否真的生气了……

眼前滴落的雨水
就像眼泪一般
向我传达着老人的心情，
然而在老人那双眼里，
只有宛如无波澜的湖水一般的平静。
嘀嗒
ピトッ
ピトッ
ピトッ

那时，
我有一种雨水渗入了老人皱纹里的错觉，
然而别说雨水，
就算是阳光照在上面，
也很难让他那石壁一般沉默的脸庞温暖起来吧。
他就像一个用黏土制成的人偶一般，
甚至让人怀疑他是否还在呼吸。

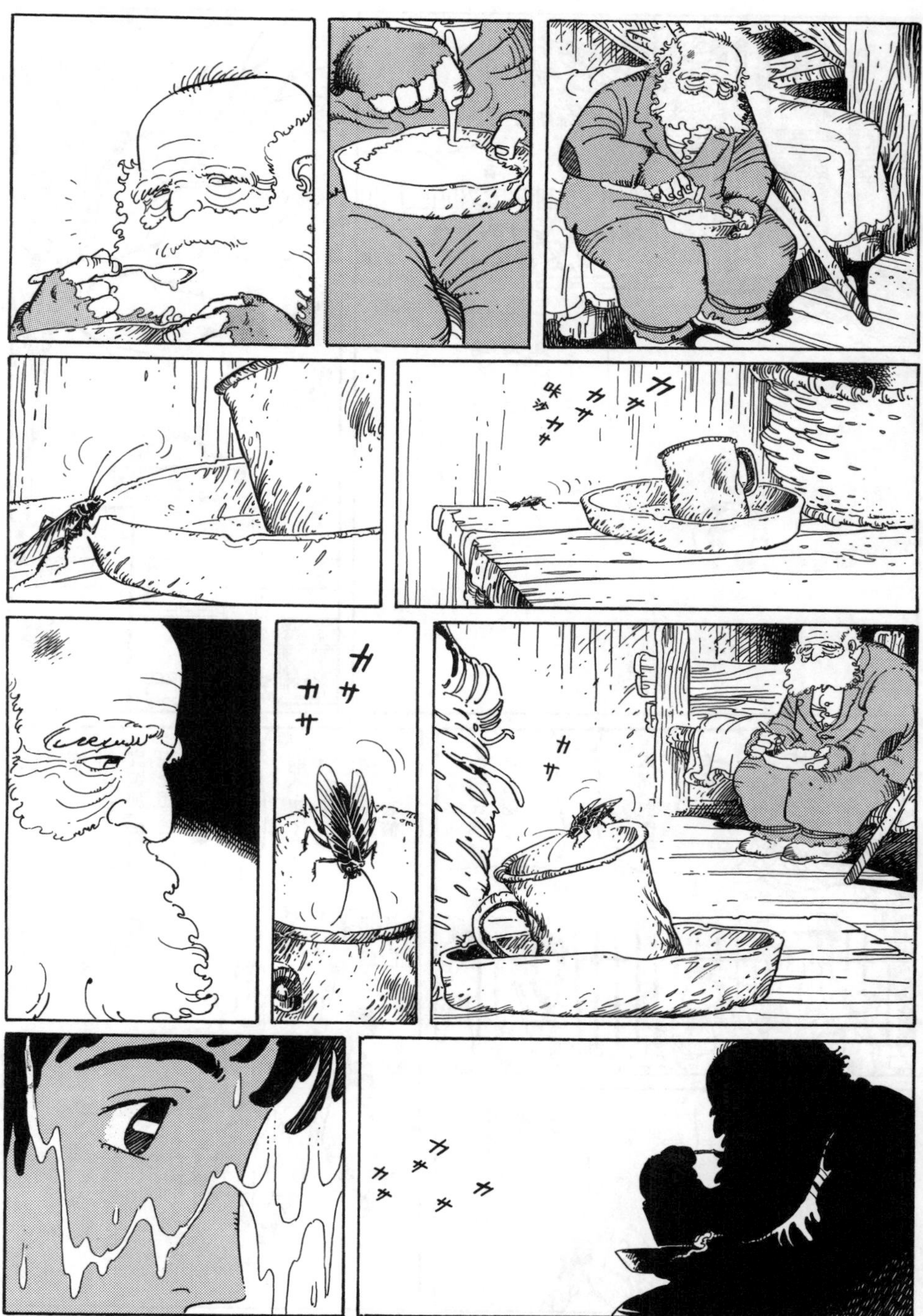
カサ
カサ
咔沙
カサ
カサ
カサ
カサ
カサ
カサ

リンゴ～
叮～
リンゴ～
咚

哇啊——
ガヤガヤ
哇啦
明天又是写作考试，真是烦死啦……

喂，彼得，听说最近欧卢罗宾馆那边有舞女观光团住下哦！要不要去瞧瞧呀？
那个超～厉害的，你瞧刚才大家那个表情！
嘿嘿……

你们在说什么呀～
跟你们女生没～关系！
哼！肯定是一些无聊的事情！
我们才不想听呢！

怎么样？彼得？
还是说咱再去那个老不死的爷爷那里看看他老人家？嘿嘿嘿……
随你们吧。
怎么回事，那家伙最近越来越怪异了。
而且最近好像也不来足球部训练了……
小伙子们！请帮我们一个忙吧！
哗
ザァァ…
好，往后退，再往后退一点儿——
现在拍不到全身哦！
但……但是……
啊啊啊啊啊～～～
哇呀
扑通
ドボーン

カシャ
咔嚓

嘿嘿嘿……
嘻嘻嘻嘻嘻……

这群混蛋啊啊啊……

我对老人的生活
忽然有了强烈的兴趣，
或许是因为当时和那群坏家伙整天
四处兴风作浪，胡作非为，
这样日复一日下来，
我慢慢对同年级小孩的游戏
产生了倦怠感。

下雨天、大风天
或是没有工作的日子里，
老人总是在镇上四处走动，
那只狗和他一样，身体像生了锈一般，
每走一段路就要停下来
休息一会儿……

真是恶心，我们去对面那家吧！
啊，那个……客人！

要是镇上看不到他的身影，
那他必定是去了两千米
之外的伊巴拉森林。

而走到森林，
会花掉老人
很长很长一段时间……

啊
有一次，
我见他倒在了一个树桩旁，
过了好一阵子，
一动也不动，
就在我怀疑他是否已经死了的时候……

嗷呜呜
嗷呜呜
呜呜……

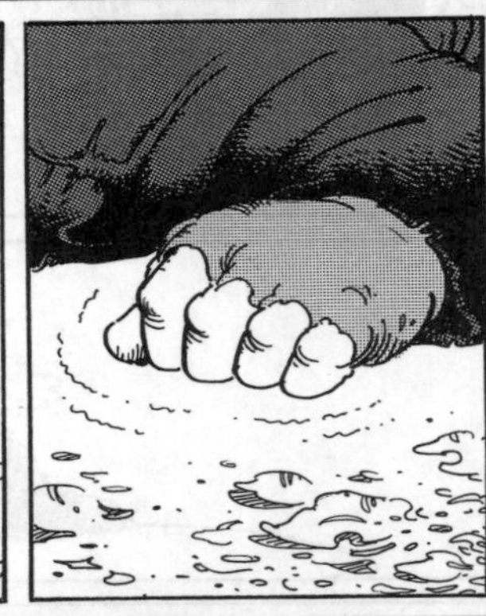

没……
没事哦……
还没到时候
呢……
嗷呜
呜……

那是我第一次听到
如同竭尽全力发出的
低低嘶鸣般的声音，
我背上似乎起了鸡皮疙瘩。

我开始好奇
老人究竟每天在森林里
干什么呢——

答案是什么都不做——
虽然每次见着他的地方都不同，
但他总是和狗一起，
静静地坐在树下，
而时间如同凝固了一般……

就这样像个傻瓜一样观察老人，
我渐渐有些不耐烦，
就在我准备回去的时候……

我发现老人
似乎很久都没动了。

而且，
老人的周边安静得可怕，
我又开始怀疑
老人这一次是不是真的死了……

等一下。
我还活着哦……还没到时候呢……
今天……没和你一起来吗……你的朋友们？
又是那悠长而不通透的声音传入了我的耳朵，像是伴随着枯叶飘落，叶身接触地面时发出的声音一般。

扑通
ポチャン

ドン
咚
哇啊！

你怎么走
那里去了！
很危险的！
チリ
チリン
丁零

カッタン
咔嗒

ギイ〜
吱呀

出去工作了吗……

コツ
咔

他究竟是从哪里来的呢……
为什么要来这样的小镇呢……

这里只有两三处名胜古迹、旅馆、纪念品店和一排排房子……
他没有家人吗……

ガサ
ゴソ
嗖吱

バキッ
啪叽

コン 咚 コン
コン コン コン コン コン
老爷爷已经回来过了吗……

谢谢你啊……
……真美啊……
欸？
大家都很讨厌我……
呜呜
他们从我身上嗅到了死亡的味道，唤起了他们在日夜匆忙中早已忘却的东西……
关于人的死亡，大家总是含糊其辞，或是干脆避而不谈。
但是……不管是谁，一天都是二十四个小时……时间是平等的……死亡……也是……
人们以同样的形式出生，又以同样的形式终结此生……但心中那小小的阴暗面，到最后也不肯在互相理解这件事上让步半分，最终随着尸体埋进了土里……
呜

老爷爷……
你不寂寞吗……
嗯……
也不能说完全不寂寞吧……
但是……
谁又能说自己不会寂寞呢……我深知此事……
因此，人们才难以安心……大家都很拼命，都热衷于让自己忙碌起来……
懒散悠哉的人不过是没有感受过真正的寂寞……
没有感受过真正的孤独，就无法看清孤独……
我啊……
想到人们总是抱着那小小的阴暗面慢慢地走向死亡……比起不安、恐惧、空虚……
我感受到了一种更强大的未知力量……不可思议啊……

是啊……
那股不可思议的力量应该是从未知的极远之地迸发而来……
进入了人们的心中，动摇了人本身的力量……
而现在它在我的身体里，我将体内每个角落日益膨胀的力量尽数引出，全力以赴……
我一直在思考，这漫长的一生中要做些什么……不！是能做到些什么。
可这样想的话……我便没法静下心来……也没法浑浑噩噩地悠闲度日了……
但老爷爷你……总感觉过得挺悠闲的啊……
哈、哈、哈……
看起来像是无所事事的样子吧……看似如此，其实我做了很多事情哦。
趁着眼睛还看得见，尽可能地去看很多很多风景……
趁着耳朵还能听得见，尽可能地去倾听很多很多声音……
趁着鼻子还能闻得到，尽可能地去闻很多很多香味……

你看，我的手还能动……
咕/嗒
腿也能。
虽说快到时候了……哈哈……
我特别喜欢这个地方，
这家伙肯定也一样……
……这里真的很美啊……
现在感觉不明显……等到了夏天，镇上闷热得令人难以忍受的时候，
这里呢，会像开着冷气一样，非常凉爽吧！
而且啊，目之所及应该都会染成一片绿色吧……
老爷爷还没有见过吧，这里的夏天……
嗯，还没见过呢……
但是啊……像现在这样，每天都来到这里的话……
欸，什么……？

因为翘掉了期末考试和足球部的训练，之后我每天都被安排了非常严酷的特训。
啵
嗵
嚓
呼啊
如此重荷之下，自那次之后，我就没能再去见老人了。
彼得，都怪你随便翘掉训练，把我们都给连累了！我现在都被前辈盯上了啦！
住、住手啊，笨蛋！
嘿嘿嘿……
要是因为这个被请家长了就完蛋了啊！
彼得，回家路上你请客啊！
都怪你我现在肚子好饿！
就是！就是！
吱
还有力气吃的话说明没什么大不了的嘛！
哗啦啦啦

呜啊——！
烫、烫……
彼得！你这个混球!!
混蛋！去死啊！
我要杀了你——
咿——！
嗒
噗噗
嘎吱
哎呀
哎呀哎呀，等了这么久总算是死啦！
有谁认识那家伙的亲人吗?!
那可是你的工作呀，巡警先生！

漫长的雨季结束时，
老人死去了。
听说是在他咽下最后一口气
之后两三天，
才有人发现了他的遗体。

或许，
老人就和以前一样，
冒着雨固执地拖着身体来到这里长坐，
却没能再返回。

那条苍老的狗
倒在了老人身旁，
身体慢慢变冷，也死去了。

老人的身后
是两道长达数米的
因拖着身体艰难爬行
而留下的痕迹。

还有，
那双手仿佛用尽了他余生的力气，
紧紧地攥成拳头——

好啦，别挤啦，别挤啦！

镇长！葬礼的费用请从公费里面拨款哦，这可不在国家福利事业的范围内呀！

知道啦，知道啦，我会想办法的！

哎呀真是伤脑筋呀，这个月仓库的租金可还没收到呢。

没收到租金的话克罗伊茨老板的制鞋厂可能要倒闭了哟！

就在这一片嘈杂之中，

我感到了这辈子从未感受过的来自这个世界的宁静……

风停了，有一束纤细柔和的光线，倾洒在老人与狗身上。

而且，不知是什么时候，这里的树上冒出了青绿色的新芽，我像是人生第一次见到这光景一般，呆看良久。

再后来，
我有惊无险地考上了高中、大学，
现在在斯坦伯克市一家小新闻社工作，
和我的妻子过着平和的日子。
每当因连日的忙碌感到身心俱疲，
似乎快忘掉心中重要的事物时，
我一定会来到这座
名为伊巴拉的森林。
就这样一个人
静静地消磨着时间。
然后，
再回到妻子和孩子身边，
回到那堆积如山的工作之中……

《朝凪》完

马洛的橙子

マーロのオレンジ

Welcome!!
ようこそ!!
Bonvenuto!!
欢·

※木板上分别是『欢迎』的英文、日文、意大利文和中文。

ボオーーオ
嘟～

ミャア
ミャア
咿哑
ミャア

让开！让开！

ガッチャ ガッチャ
新鲜的橙子哦！刚摘下来的橙子嘞!!
我不需要啦。
嘿——买些橙子吧！我爸爸妈妈都卧病在床，妹妹现在也因为交通事故进医院了！
香甜可口得很嘞！
ガッチャ ガッチャ
苏格拉底也是每天都吃这个橙子才变得如此聪明的嘞～～
Welcome!
因为付不起高昂的住院费，妹妹可能会被医院赶出来……妹妹……妹妹太可怜了……
这……
那就……来两个橙子。
谢谢惠顾～!!
Welcome!
Benvenuto!!
啊，找零……
大姐姐！
走路不长眼啊！
看着点儿路啊，蠢货!!

琪儿，帮我看会儿橙子。
你要去哪里呀~~~？

眼神不好的家伙……
哥哥，发生什么事了？

哈啊哈啊哈啊……

等等，等等我！找零，找零啦！

有个奇怪的男人一直跟着你哦，别往后面看！他正看着这边呢。
是额头上有颗黑痣的男人吗？

嗯，有的有的。
果、果然是他……在米兰那边他就一直跟着我，该怎么办哪……
Come

想甩掉他也不是没有办法的哦。
交给我吧！跟我来，这边！

欢迎光临~~~

精美的金胸针、耳坠、手镯，还有各式各样的银制品！应有~~~尽有！
客人您看这边这件如何？非常适合您哦，说真~~~的！
这边这边！

嗯？

小、小偷啊!!

在这儿等
我一会儿！
嗒
嗒
嘻嘻
哈ー
嗒
嗒
轰隆隆
咔嚓
呜
啊

可恶……
混蛋！

ようこそ!!
迎!!
呜

警察先生，
就是那个
家伙！

谢谢你，
真是帮了大忙，
嗯～
你叫……？
我叫
马洛哦！
我叫
克蕾塔！

怎么了？

大姐姐你
不戴墨镜
更好看哦，
大美人啊！

不过你还是
得多注意哦，
那个追你的
人一看就
不是什么
好人……
吸溜—

啊呀，
忘记戴手
表了呀……
现在大概
几点了
……？
刚刚
正午哦！
咕

我和人约在斯尼旺海岬见面，不过约的是三点，时间还早……

那不是还有很多时间嘛！去环岛一周吧！给你优惠价！
我爸爸是观光船的船长哦！

哎呀，你爸爸不是卧病在床的吗？
啊！

真尴尬呢，嘿嘿嘿……

怎么安排呢……

咿哑
ミャア
ミャア

首先……吃个午饭——
好呀！
就等你这句话!!
哐啷
ガタ

真重啊……这个手提箱……
里面装了些什么呀？

欸？没……什么呀……那个。

对了！
ドン
咚

欸？

是男人吧？恋人吗？你说约好见面的人？
欸？
哎呀哎呀哎呀哎呀哎呀哎呀哎呀，要是那样的话等那个人来了之后一起环岛不是更开心吗？嘿嘿嘿……
你、你在说什么啦！
等那个人一来……
我想我们马上就会离开这里了……
嗯嗯，原～来如此啊……
什么原来如此呀？
别装啦，别装啦，这就是传说中的为爱私奔情节吧？刚才那个男人是你家长辈派来的人吧？来这儿把私奔的两人给抓回去！
哎呀，你的想象力真是丰富！
而没有戴手表就是你慌慌张张从家里逃出来最有利的证据呀！
怎样？
真是个名侦探呢！
可爱的姑娘哦～恋着海～
快看，就是那艘船！
我正是大海的男人哦～
嗝 ヒック

从意大利来的……？

没错，正如你手上的身份证明书所写，我是来自米兰警署的帕佐警官！
真是的！
这、这可真是抱歉啊，欸嘿嘿……

到这儿来有何贵干呀？
实话告诉你吧，几日前一辆开往米兰银行的运钞车被袭击了，我们调查发现抢匪逃到了这边来。
他们身上带着抢到的赃款吗？

不不，那个男人应该没把赃款带在身上，毕竟太过显眼了啊……
但就在事件发生之后，有一个女性银行职员离职了……

我们怀疑，就是那个女人暗中事先把运钞车的路线告诉了抢匪……

而且我们发现那个女人在米兰车站的储物柜里取走了一个手提箱……
然后，她来到了斯尼旺这边。

这么说，那个箱子里装的就是……！

那个女人一定是要在这里和犯人会合……

克蕾塔啊，你明明是意大利人，可希腊语说得很棒啊！

我从很小的时候就梦想着住在希腊呀，所以努力学了很久哦！

和男朋友就是约在那里见面吧，一定很想快点儿见到吧，嘿嘿。

你怎么了？
没、没什么啦……
对了，吃橙子吗？

来！
呜哦。

总感觉挺不好意思呢，明明是我卖给你的橙子呀。
不用给我老爸吃啦！
拜托你好好掌舵啊~~~老爸!!

我会讲一句意大利语哦！

Ciao!
你好哦！

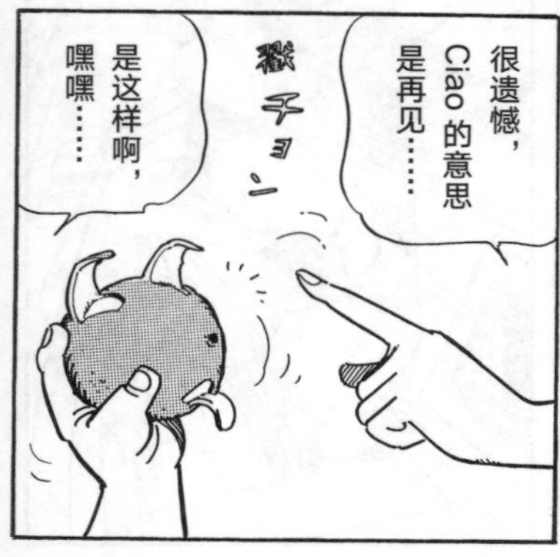
很遗憾，Ciao的意思是再见……
是这样啊，嘿嘿……

小混蛋！不要对你老爹指手画脚的！

唔
这、这可真是了不得。
一笔巨款啊……
唔～
嗯……

微风啊
海上的微风
带了渡海的快船
走过汹涌的海波的
载了我这不幸的
往哪里去

（欧里庇得斯《赫卡柏》）

……

等等我呀！

怎么啦？这就喘不过气来了？哈哈哈……

嗒

这样很危险的啊！
嘿嘿嘿，没事啦！

哈

呼，真是的！

呀啊啊啊

呜啊

啪
嘿嘿……

你真狡猾！

去那边看看吧！
嗯！

克蕾塔，你在干什么呀，这边，这边！
笨蛋哪……

啊

ミャア 咿哑
ミャア
这里的景色实在是太美了……
嘿嘿……别看我这只是艘小破船，坐着可不会晕船哟！嗝——

喂，站住！
キィッ
吱

快看！那不就是意大利来的大个子在追查的女人吗？
穿着打扮还有年纪都很像！

喂，马洛，你陪这位小姐一会儿！
……
我去拿点儿冷饮来！

ゴソ ゴソ
窸窣
♪

欸～～真是少见呢，我老爸平时要是没个人陪在身边就不爽，今天是怎么了？

ミャア
ミャア
咿呀

久等啦，我瞧着你那手提箱的卡扣坏掉了，已经帮你修好了哦！
在这种地方，卡扣要是不小心开了可麻烦了呢！嗝——

！

老爸！送我们到海岬上去吧！
咔嗒
カチッ

可要小心哦。
克蕾塔小姐，幸福确实是要牢牢抓住啊，但是哦，追寻幸福可不能走捷径啊……
千万千万，不能着急啊……
再见咯。

呼……

她往海岬的方向去了！和一个小孩子在一起！
是那个小鬼啊……

咹
怎么样了?!

马洛！
你在哪儿？
马洛！

马洛，其实
我啊……

哇

真是的！
嘿嘿嘿……

就是约在
这里碰头
吧……
哼哼……

好烫!!

呜哇
真是惨烈啊……
没来得及打方向盘啊。
哔哔
……
呼。
K-305
哗

真慢啊，三点都过去好久了……
或许他不来反而更好……
欸——?!
如果那个人能回头的话……说不定现在……还来得及……
你在说什么啊！变得这么消极!!
不用担心啦，要是那个来抓你们的男人又出现，我就冲上去咬他！趁着这个空当你们俩就赶紧跑！
最后总会被抓住的……
被抓住的话再逃就好啦！反复几次长辈肯定会同意你们在一起的！
打起精神来！还有我在这里呀！
不是的不是的……其实事情是……
我去国道那边看看！说不定他是迷路了呢！
车牌号码是K305对吧！
马洛……

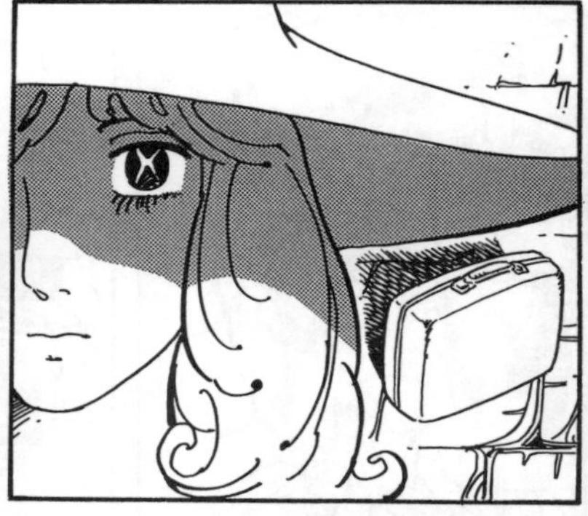
现在去的话……

现在去的话还来得及……拿着这钱去自首的话……那个人的刑罚也会从轻吧……

キキイー
吱嘎—

ゴオーーォ
轰

在哪儿啊……

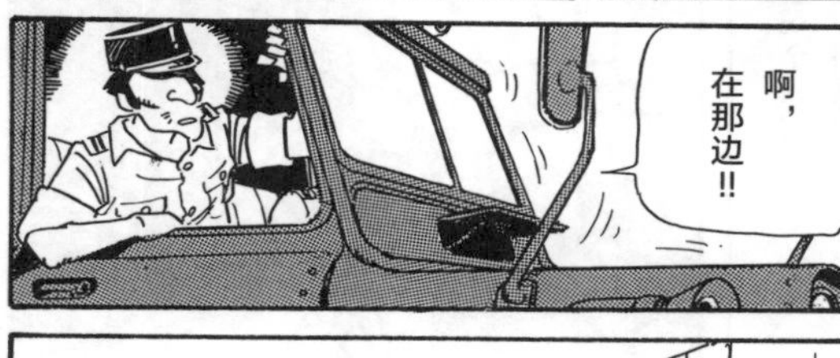
啊，在那边!!

帕佐警官!

前面的国道上有辆意大利车牌的车出了交通事故，说不定就是你在追的人！

车牌号码是K305吗?!
啊？是……是的！

ザッ
唰

ザザァァァ
哗啦啦啦

我是……在做一个可怕的噩梦吧……

被那个人的花言巧语蒙蔽了双眼……为什么……会变成现在这样……
为什么会……
我们俩……

为了抓住幸福……而太过急躁了吗……

去见警察吧。
那个人会明白我的用意的……

我们……需要重新来过……！

ミャア
ミャア
咿哑
ミャア

那个男人在来这里的途中，连同那辆车一起掉下悬崖了！
在等车牌K305的车子吧。

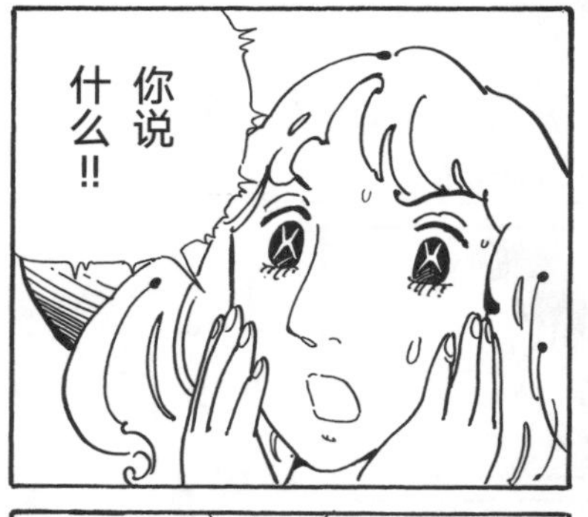
你说什么!!

虽然他逃走躲了起来，但想必受伤不轻啊。
被我们的人抓住也只是时间问题。

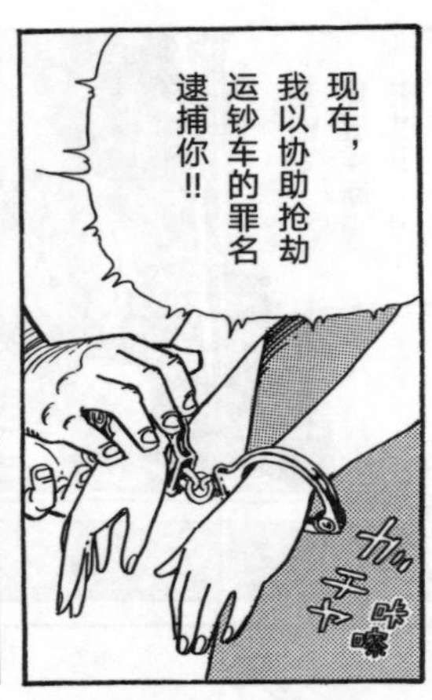
现在，我以协助抢劫运钞车的罪名逮捕你!!
咔嚓

好了，我们走吧。

请、请稍等一下！
惊
喂！你要干什么?!

?

……

X-9981
哟！你是来帮忙的吗？谢谢你呀！

克蕾塔——！
大姐姐~~~
?
难不成是从别的路过来……说不定已经到了呢……
跑哪里去了呀……
Ciao!
啊，恋人已经到了呀！
喊！

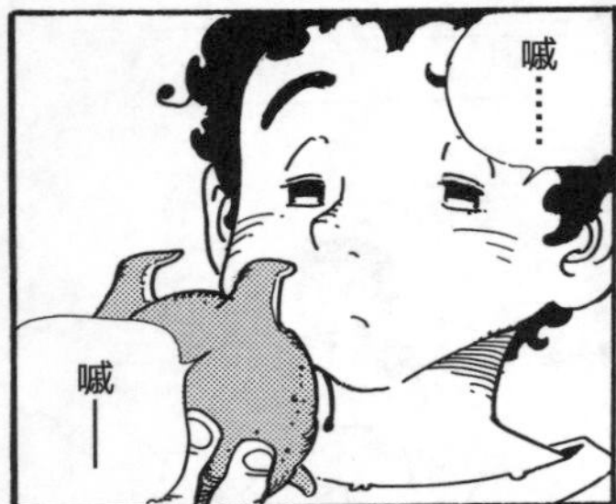

喊……
喊——

克蕾塔真是个大笨蛋！大笨蛋啊!!
你一定要幸福啊~~
克蕾塔——！

喊——!!
什么嘛！有必要那么着急走吗!!

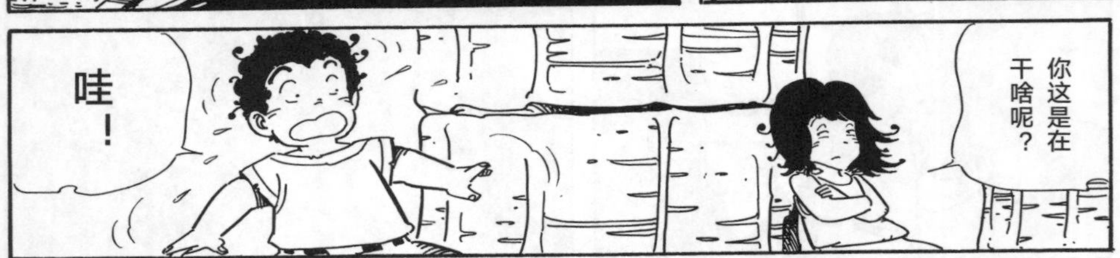

你这是在干啥呢？
哇！

没、没什么啊。
你干吗突然……
哈哈哈……
什么叫
没什么啊!!
你像个炮弹一样飞奔
出去后就一直没有回来!
后来我到家里一问才
知道你到这里来了啦!

装橙子的篮子
还放在港口
那边呢!!

TAVERN
LUCAS
准备出港
ミャア
咿哑
ミャア
嘎呀
ガヤ
ガヤガヤ

ポトッ
扑通

小伙子，
给我来个
橙子!
抱歉，
卖完了啦!

什么嘛!
明明还有
那么多!
不想卖就算了!!
嗡——
ボォオオーーォ
克蕾塔。

喂喂~~
喂~ 克蕾塔——!!
马洛!
克蕾塔——!!
咔嚓
失礼了!
你、你要干什么……

咔啦
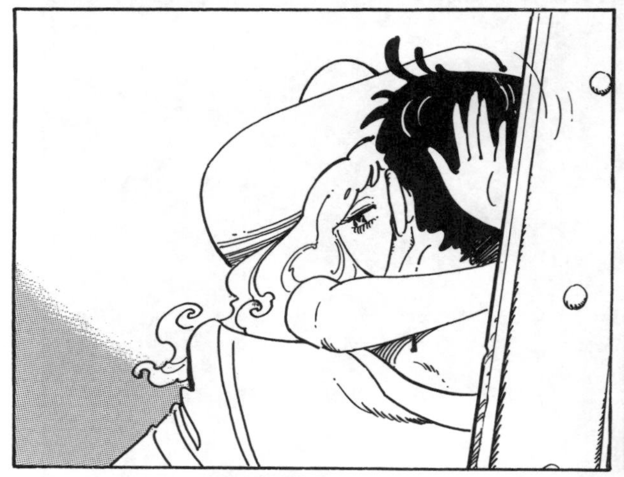

嗡
哗哗

要好好的哦～～～
还要再来玩哦～～～

CIAO——

《马洛的橙子》完

窗边的两人
窓辺のふたり

♪
我是
啼鸣不休的鸟儿
那个姑娘
是那娇小的花朵
正侧耳倾听
不!!
若是那被前人说烂的故事
便大错特错——
这番
前人的陈词滥调
非我所讲
我所讲的

如那水车房中的流水
横渡高原的劲风
与密林中的沉寂
交织在一起
从遥远的过去前来造访
无论行至何处
它总是悄然前来　温柔探望
然后
像是怀念着什么似的倾斜脸庞
若我的歌
也能这般传达四方
便如愿以偿——

那个姑娘
停下了她劳作的双手——

TAT
F-BVTA
……ゴゴゴ隆
ドガーン
嘭

呀——啊啊——
哇啊啊!!
呀——
呀啊 キャアアア
杰罗姆——
ジェローム ジェローム
ガチャ
咔嚓
呃!
ジェローム キャアアー
呀啊啊——
杰——
ジェローム
你说什么?!

生还者呢？还有生还者吗?!
应该是没有人生还啊……

蕾切尔!!

呜呜……

蕾……
蕾切尔……

之后的训练
你不来吗?!
杰罗姆！
RIEN
QU'UNE
FEMM
MUSIC MU

哇——
咿咿——
ROUGE MUSIC

TOILETTE
再让他一个人静静吧……
但是利诺，你也看到了吧……
观众的反应……最近杰罗姆唱歌根本就不在状态呀……

キィッ

カタン
欢迎回来，杰罗姆先生，哎呀呀，你怎么又喝多了哟……
走路都摇摇晃晃的。

你看，今天又收到了这~~~么多粉丝送的东西哦，杰罗……
ガシャア

チーン
叮—
ガシャア

♪我是~
我是♪啼鸣不休的鸟ル~!
ガツーン
当
ガシャーン
哐啷
哈——
杰罗姆先生，杰罗姆先生，出什么事了?!
ドンドンドン
咚
ガチャ
咔嚓
唔——
啊!
ドターン
扑通
我、我没事……

呀哈哈哈，
阿婆！
一起喝一杯
怎么样？
一起来喝——
嗝……
一身酒臭!!

现在已经深夜了
杰罗姆先生!!

フラッ
飘忽

ドタッ
嗑

……

ギィ
吱呀

蕾切尔……

如那水车房中的流水
横渡高原的劲风
与密林中的沉寂交织在一起
从遥远的过去前来造访
啪啪
谢谢！
谢谢！
那么，为了回应观众们热情的『安可』——
今天嗓子的状态真不行啊！
呜呜呜——
已经到点儿了？工厂的破铃又在传唤我们这些劳工了，不解风情的玩意儿！

呜哇哇
呜哇哇

谢谢你，杰罗姆。好看吗？
如果我们的乐队出名了……那个……
房……房子……
总之就是……我会买个房子给你……
那个……
哎呀哎呀，你的音程完全乱了啊杰罗姆。
发声时要像这样把力气集中在腹部……
请和我结婚吧!!
对吧？
看看！好消息哦！
这是上次应征『哔哔』音乐馆演奏者的回信！信上说会给咱们一周的试用期，试用期间会决定是否正式录用我们。
干得漂亮!!
我们成了!!
好嘞！今晚开始紧急特训！
乐队里有谁晚上还得加班的吗？
有的话就还是老规矩，给所长带点小酒意思意思，通融一下！
那个大叔很容易就拿下啦！
轰隆隆
喂喂，你这可不够兄弟呀，这位是零件质检部的姑娘？
看她害羞得耳根都红了呢，真是纯情的姑娘啊……
你认真的？要是腻了就让给我吧。

嗝!
蕾切尔!!

欸、欸欸~~~各位到场嘉宾，稍安勿躁，请再、请再稍等片刻！
到底要我们等到什么时候啊~~~
你这个秃头死胖子~~~我们可不是为了看你才来的~~~
给我退钱~~~
ガヤガヤ
哇啦
ワァーワァー
哇啊
ピィー
哔—
喂！杰罗姆还没准备好吗!!
经理！我想他马上就能过来了……
一出名了就变成这样!!也不想想光靠你们自己怎么可能有今天的人气!!蹬鼻子上脸的。
不过就是个乡下来的乐队，也不想想靠着谁才出名的!!我可随时有权停掉你们的公演!!听到了吗？
ドタ—
ガシャ
住、住手啊，杰罗姆!!
哇—
ワァーワァーキャアアア
呀…
要不要去教训一下那家伙，让他长长记性。
别打他脸就行。
毕竟是人气商品，呵……

今晚真是失败啊！
演奏和演唱根本就没对上啊。
嗒嗒嗒嗒嗒嗒嗒嗒
杰罗姆身上臭熏熏的全是酒气啊……
这样下去G乐队的评价会越来越糟的……
嘣
利诺，都到这种地步了，是不是该考虑找个人替代他的位置？
嗨——
最近过得如何呀？
还是老样子，没前途的舞女啦。你倒是发达了呀，所以我来看看你，嘿嘿。
揍
哎呀，我是不是来得不是时候呀，怎么感觉你们像在守灵？
……
这不是多米内吗？
真不错啊!!
这得多少钱呀？
锵
我可不记得已经和你分手了哟……
咳哼！
这应该够你长记性了吧……
开窍吧小子……

!
练习很努力啊……
？
今晚已经练累了啊……
就到这里吧，晚安啦，蕾切尔……
蕾、蕾切尔？就是那个坠机事故中死去的……
咕噜
真是的~~~肯定又是喝醉了说胡话吧。
要是喝太多，喉咙又痛了，到时候可怎么办哟……
真是的。

ドロロン
叭叭—
キイッ
吱
杰罗姆，今晚陪我一下嘛，可不许拒绝我哦！
这位单身美女也会一起来哦。
晚上好，我是多米内。
我可是你的头号粉丝哦！
CYRANO
西尔诺
CAFE
卡法
ROUGE
鲁日
那之后怎么样啦？杰罗姆和多米内？
真的非常主动哦，那个姑娘——
杰罗姆颓废的势头，如此一来，也慢慢抑制住了……
锵锵锵当！
利诺，真不愧是领队呀，化解了乐队危机……
Groupe G

但是……

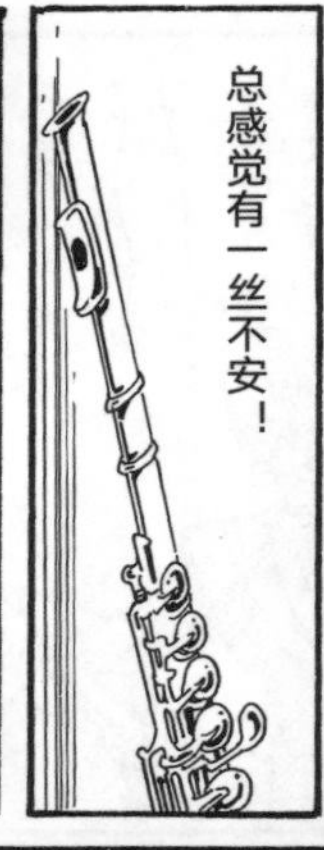
总感觉有一丝不安！

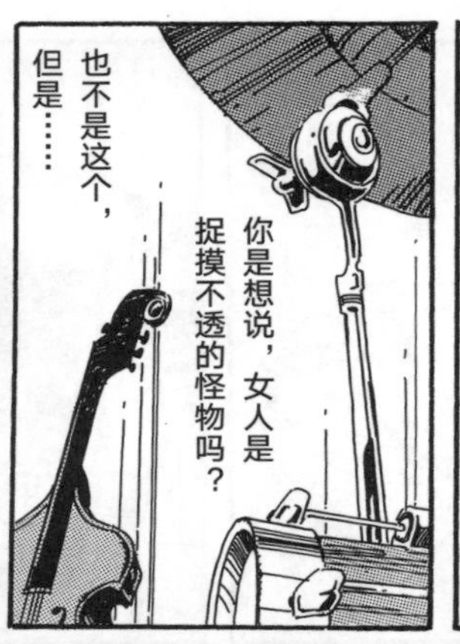
也不是这个，但是……
你是想说，女人是捉摸不透的怪物吗？

再来一首吧！ONE、TWO！

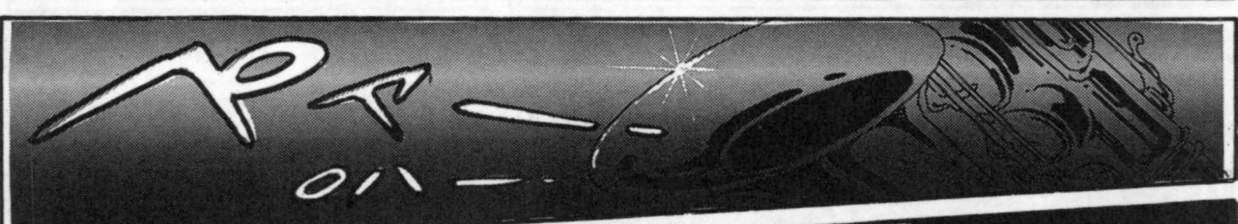

这是我第一次看歌剧呢，今天真是开心！
真的非常非常开心……

哎呀！那不是歌手D.杰罗姆吗?!
哇——真的呢！
那么，拜～拜！

呀—
哇—
等等呀
请给我签名
哇呀—
轰隆隆……
杰罗姆，我的杰罗姆！
哎呀，人气真是不得了！我老婆也是你的粉丝哦！嘿嘿……
啪嚓
呀啊啊
哇啊啊

哗哗哗……

！

杰罗姆，请看这边！
请到我的伞下来吧！
是到我的伞下来！

丁零零

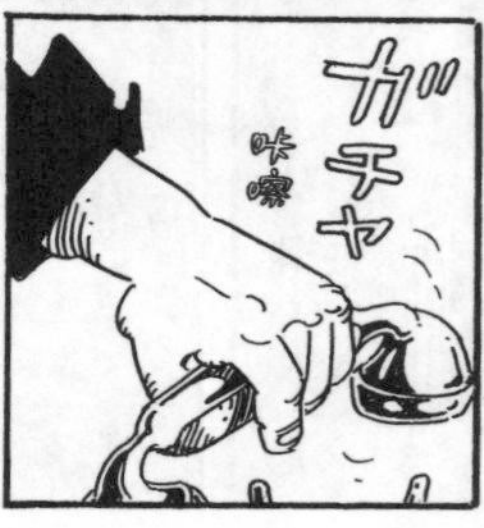
ガチャ
咔嚓

我是多米内呀，我在想你安全到家了没呢……
欸？啊……
呵呵，那样就好啦，晚安吧，希望你能做个好梦哦！

晚安……

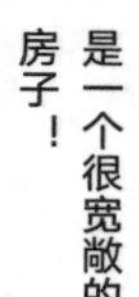

杰罗姆……
下次，
什么时候能再见呢？

TELEPHONE

哎——
不知道啊……
之后的日程都安排得满满的了，
这周末是奥尔良，
下周是波尔多和朗布依埃堡，
再之后是布尔日、鲁昂、亚眠，
然后是……嗯~~~让我想想……

MUSIC-HALL
Française
le 10 octobre
G !!
バサッ
哗啦

ガタッ
咔嗒

チッ
咔嚓

リリリ……ン
リリリ……ン
丁零零
Française

哟！蕾切尔，还好吗?!
稍等一会儿哟。

キャアー
哇呀！
ワァーワァー
哇——
他这会儿好像不是很方便接电话呀。
之后我再让他给你回电话吧……
利诺，没关系啦，也没什么重要的事。
我们下周就回巴黎了哟。
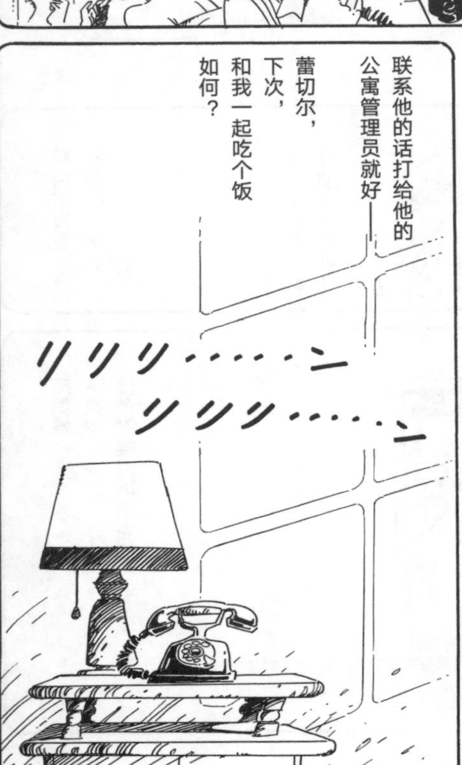
联系他的话打给他的公寓管理员就好——
蕾切尔，下次，和我一起吃个饭如何？
リリリ……ン
リリリ……ン

リリリ…ン
リリリ…ン
リリリ…ン
リリリ…ン
リン
……

嗨——

天气真是不错啊！

大懒虫！难得的休假可不是拿来在床上睡过去的哟！

我来给你准备早餐兼午餐哦！

呵呵。

啊呀，这是什么呀？

别碰它!!

这、这是……别人寄放的东西……很容易弄坏所以……

哦。

虽说是朋友的车子，
但车况也太糟了吧，
这种便宜货——！

我说，
你有没有想过自己单干？
毕竟现在D. 杰罗姆
已经是顶尖艺人了呀——

你早已经是G乐队
五人里的核心了呀。

他们几个只
不过是陪衬
罢了。

粉丝们蜂拥到
剧场里，
可都是为了听
你的钢琴演奏
和歌声呀。

所以说那种
二流乐队，
还是早些离开
的好。

你肯定能飞
到更高的
地方哦！

和如今的人气歌手
D. 杰罗姆可不相配呀，
呵呵……

毕竟你是
非常有才能
的艺人呀。

而且，
世上有才能的人
都是这样，不管
付出怎样的牺牲，
也要一步步向前
迈进呀!!

D. 杰罗姆
现在可是有几万
甚至几百万粉丝
的大人物啊!!

我……

我……似乎自从
成为专业歌手后，
就很难单纯地享
受歌唱这件事
了……

ゴォー
轰—

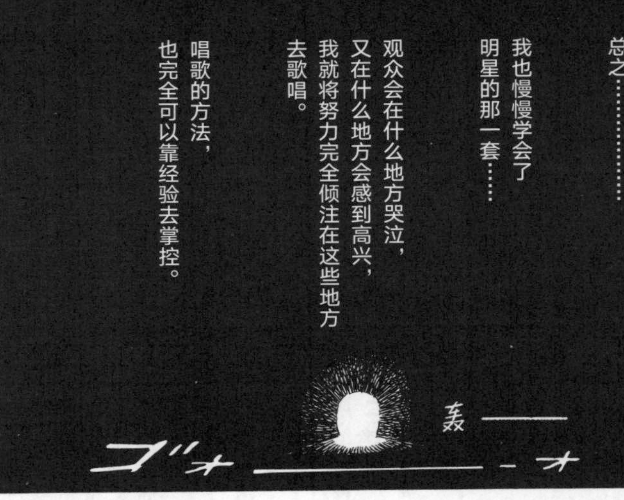

所以说你是
有专业素养的
艺人呀！

是吗……
或许是这么
回事吧……

我有些
累了……

是高强度训练
的原因吧……

趁这次休假
好好休息吧。

杰罗姆……
粉丝们都是抱
着花钱买梦想
的心态而来。

而你贩售
自己的才能。

这样不也挺好
的吗?!

バロォォォ

别想太多无关紧要的事情啦，
可不能在奋斗的路上
止步不前哦——

杰罗姆，
我喜欢你呀——

ガチャ
咔嗒
カチッ
咔嚓

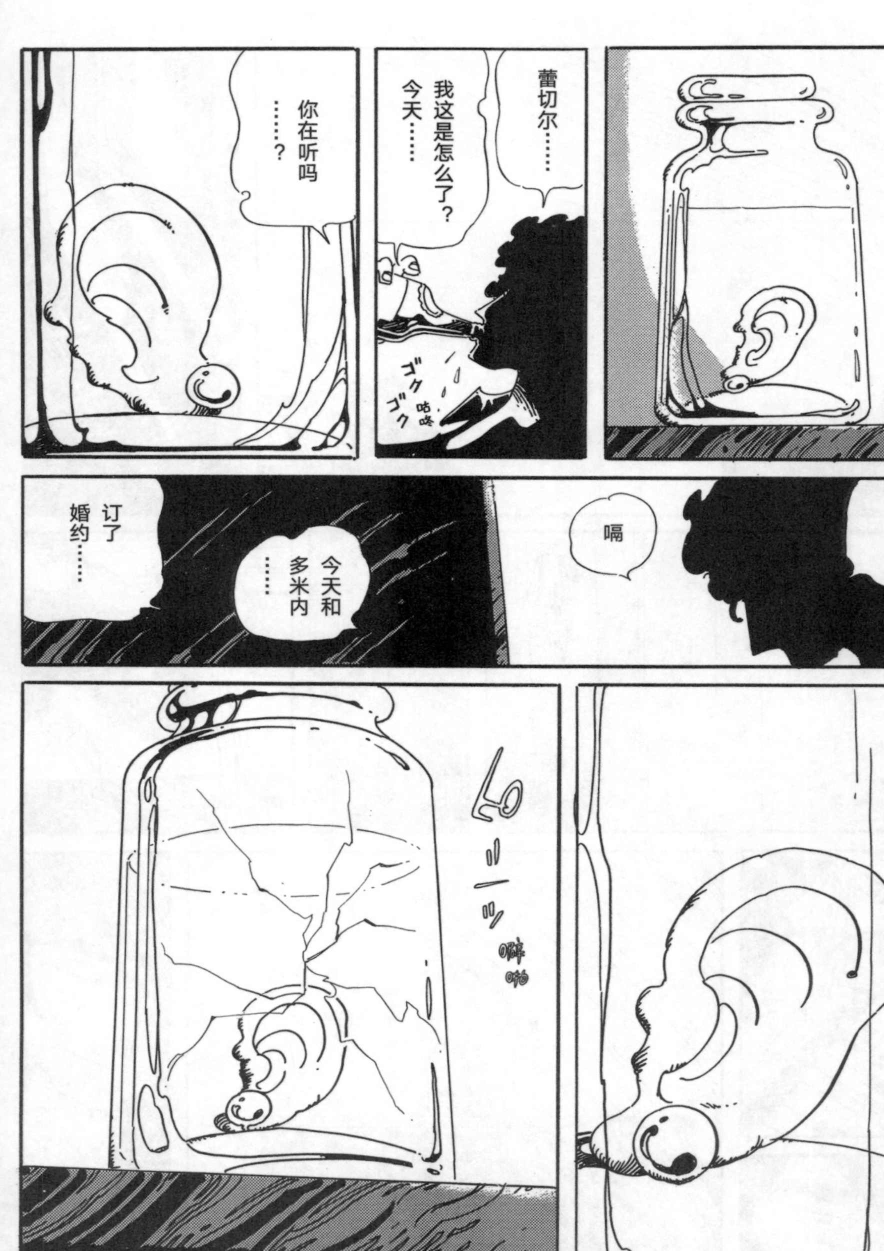
蕾切尔……
我这是怎么了？
今天……
你在听吗
……？
ゴク
ゴク
咕咚
我啊……
嗝
今天和
多米内
……
订了
婚约……
パ
リ
ン
啪
嚓

コツ コツ コツ 噔
チッ 吱 チッ
早上好啊！杰罗姆先生，今天又有很多粉丝送东西来哦！
コンコン
ギィ 吱
哎呀。
嘿咻。
ドカッ 猛放
我就放在这里了哦。
哎呀呀。
这是……？
什、什么?!

ギャァ
吼——

分道扬镳?! 利诺，你开什么玩笑？

都这个时候了你就别装傻了！

再见啦!! 你已经不再是我们的朋友了！

ガチャ
咔嚓

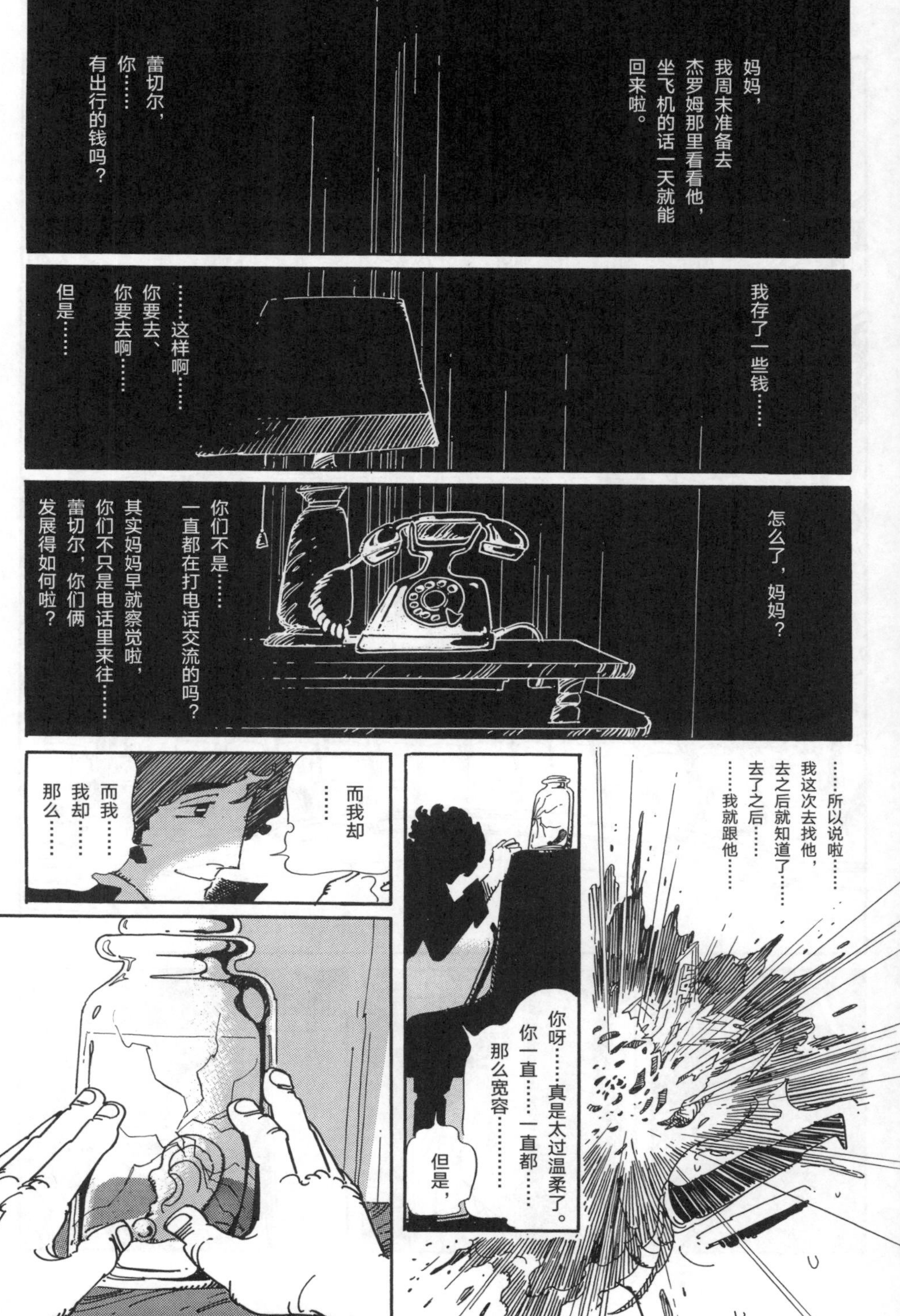
妈妈，
我周末准备去
杰罗姆那里看看他，
坐飞机的话一天就能
回来啦。
蕾切尔，
你……
有出行的钱吗？
我存了一些钱……
……这样啊……
你要去、
你要去啊……
但是……
怎么了，妈妈？
你们不是……
一直都在打电话交流的吗？
其实妈妈早就察觉啦，
你们不只是电话里来往……
蕾切尔，你们俩
发展得如何啦？
……所以说啦……
我这次去找他，
去之后就知道了……
去了之后……
……我就跟他……
而我却
……
而我……
我却……
那么……
你呀……真是太过温柔了。
你一直……一直都……
那么宽容……
但是，

嘭

哼。

♪如那水车房中的
流水
横渡高原的劲风——
然后
像是怀念着什么似的倾斜脸庞
若我的歌
也能这般传达四方
便如愿以偿——
不。
无所谓什么传达不传达……
我终于……
终于……
抵达我梦想的终点，
蕾切尔，
你的心里……

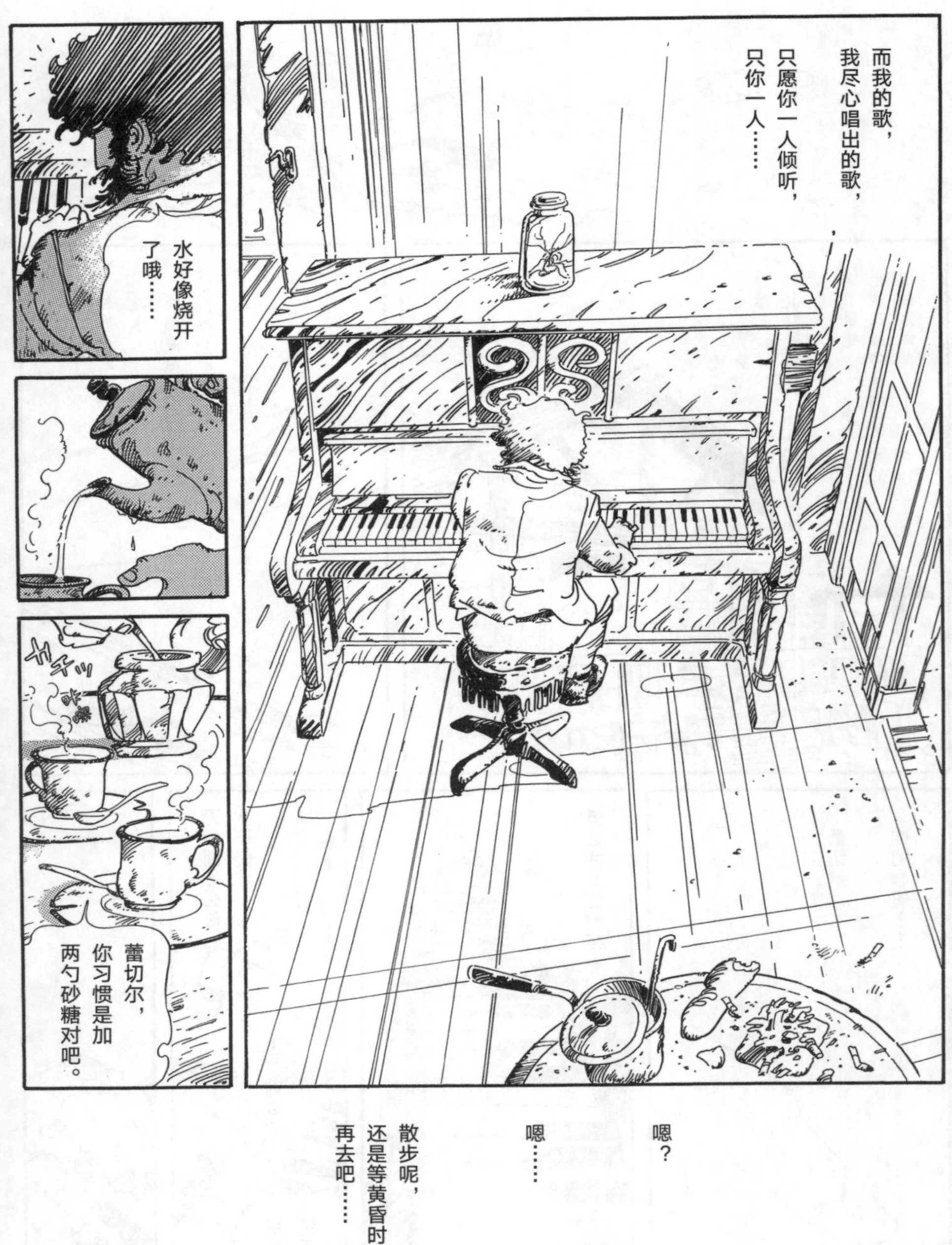

而我的歌，
我尽心唱出的歌，
只愿你一人倾听，
只你一人……
水好像烧开了哦……
カチッ
咔嚓
蕾切尔，你习惯是加两勺砂糖对吧。
嗯？
嗯……
散步呢，还是等黄昏时再去吧……

《窗边的两人》完

※フーガ（fuga），有飞翔、逃跑之意，亦指复调音乐的一种形式“赋格”。

啊——

呼——
沙沙沙
ザザザ……
唔……

ザザザ……

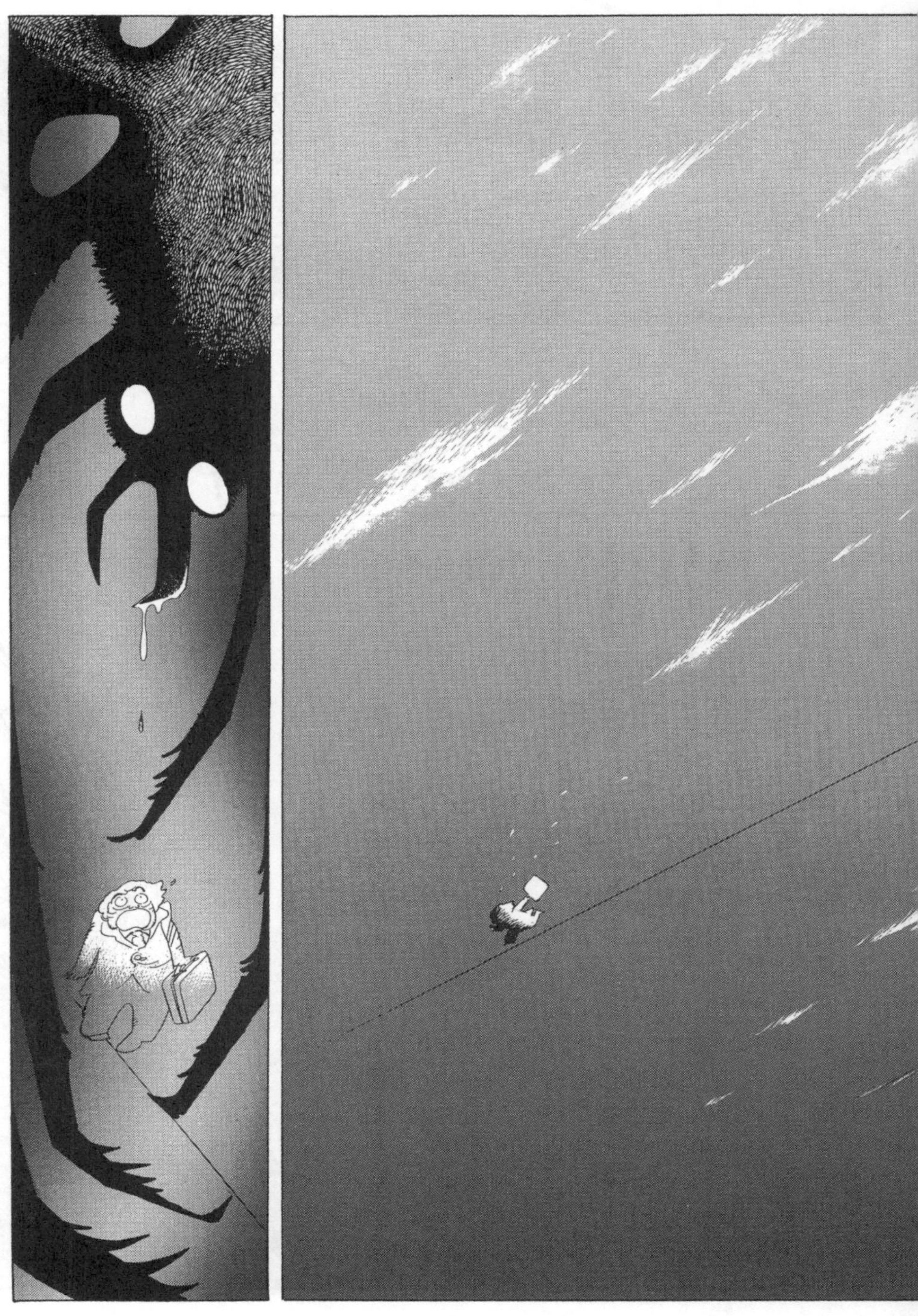

哇啊——

啊！

啊，真是可恶，刚刚叹着气想事情，竟然踩到了痰……

真是的，这一天天的，只要稍微走几步就会踩到些乱七八糟的东西。

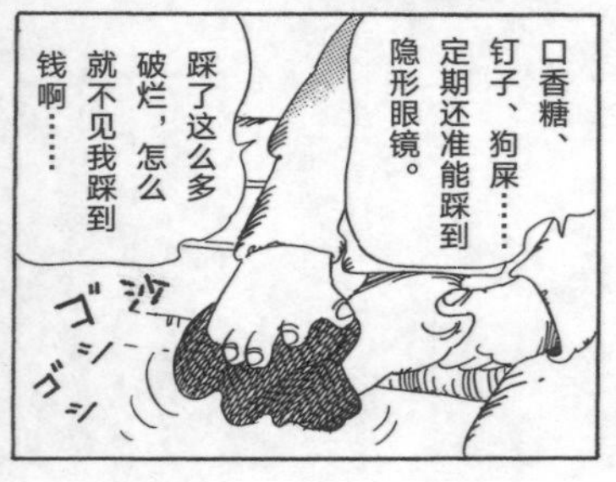
口香糖、钉子、狗屎……定期还准能踩到隐形眼镜。
踩了这么多破烂，怎么就不见我踩到钱啊……
ゴシゴシ

呼——
一不小心竟然在这里睡着了……

公司要是能给我配双鞋子也好啊……
才穿两个月，扔掉又怪可惜的……
ピンポーン 叮咚
您好！我是万大公司的推销员！
各类日常生活用品我们这儿无所不有！
我进这家公司都十七年了，算下来一共走了多少路啊……
夫人，推荐您这款能完美展示您的面容、可自由调节弯曲度的三面镜！有了它可以大大节省您的化妆时间，是的！
啊哈哈……
还有这款适合您家先生的，让地位和阅历更加凸显的丰富皱纹印刻机！便携款！
只须在早上刮胡子时使用一分钟即可！
有了它，任何人都能以充满个性的风貌去处理好工作生活中的各种事情！
应该早就超过绕地球半圈的长度了吧……
啊啊，这日子真是无聊透了……就不能来个有意思的事情吗……
是的！
啊哈哈……

只要回家后使用我们公司特制的精油洗剂清洗面部……
印刻的皱纹马上就能复原，享受与平时不同的清爽感觉！是的！

啊哈哈哈……

等、等等，你这人——
我说——

对、对了，要不要给令郎或令爱买些什么？
啊哈哈……
窸窸窣窣
ガサ
ゴソ

就是……
最近生活用品的更新换代太快了，简直应接不暇，所以我也很难为您做更具针对性的推荐……

不过我还有很多好产品！

但我什么都不想买!!
啊哈哈……

不欢迎强行推销!!
我们东西够用了！
吵死了!!
我很忙！

唉——
咔啦
カチャカチャカチャ
咔嚓
カチャカチャ
カシャ
喊……
啊啊~~~
啊……
呼——
哐啷
ガシャン
就不能来个有意思的事情吗……

请留步，那边那位先生！
那位一直叹气的先生！
我这里有个很不错的东西，怎么样，给你个优惠价？咿嘻嘻……

别摆出一副冷漠的表情嘛，买我的货绝对不吃亏哟！

哦——是吗……
コツ
コツ 嚓

哎呀，你还是那么冷漠……我说，考虑考虑吧，反正你看上去也无聊得要命的样子。
那又怎么样呢？

所以说啦，来看看这个，咿嘻嘻……
你要是买了这个，咿嘻、咿嘻嘻……
咿嘻嘻……

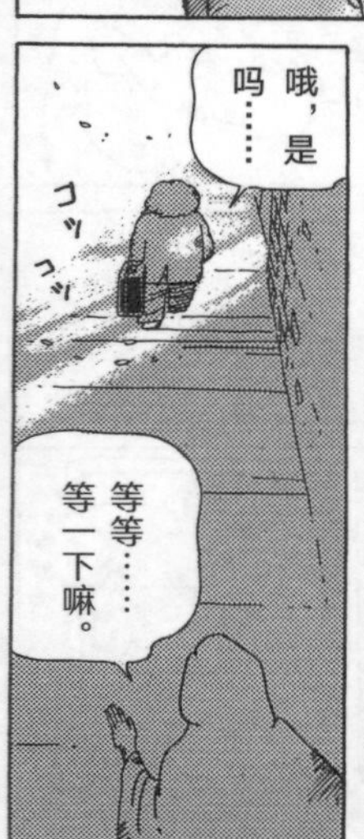
哦，是吗……
コツ
コツ
等等……等一下嘛。

你呀，
又没女人缘，
又没钱，
又没地位！
因为这些
你也慢慢丧失
了对生活的
憧憬吧！

要你
多管闲事！
你所说的那些
无聊的东西，
对我来说一文
不值！

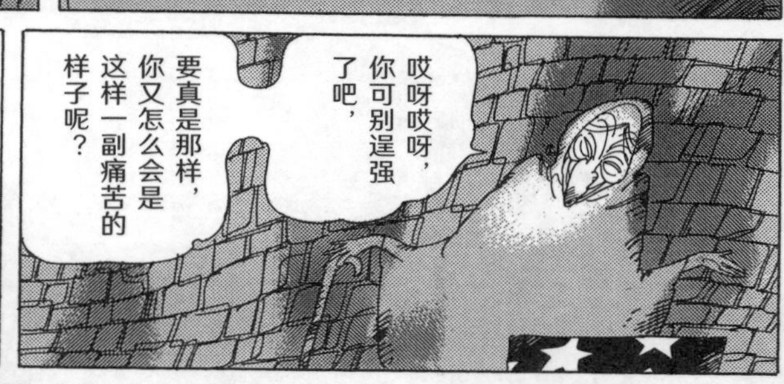
哎呀哎呀，
你可别逞强
了吧，
要真是那样，
你又怎么会是
这样一副痛苦的
样子呢？

哼！
那又有什么
关系！

你这话可
不完整啊……
你是想说
和老婆子我
没关系，还是说你和
世界啊女人啊金钱啊地
位啊这些东西毫无关系
呢？还是说……

真是烦人的
老太婆！
你说什么就是
什么吧!!

说不定，
我可以帮你
实现你的愿望
哦……

愿望……

等、等等——
遇事急于下结论可是大忌！
若总是这样轻率地下结论，会看走眼的哟。
真的要放过吗？这一丝可能性，一个新的未来，一件喜事……明明就要到手了你却让它从眼皮子底下溜走……

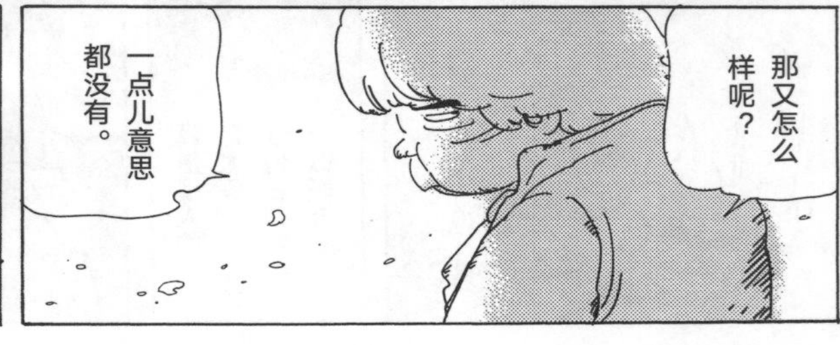

买下这个吧，相信我，你不会失望的哦。
说不定啊，它能帮你实现你的愿望哟。
喊！你把别人的心情搞得一团糟，谁会买你的东西啊！你这样的推销策略可真是糟透了！

啊，谢谢你的忠告！
你终于说了一句像是正常人说的话啦！

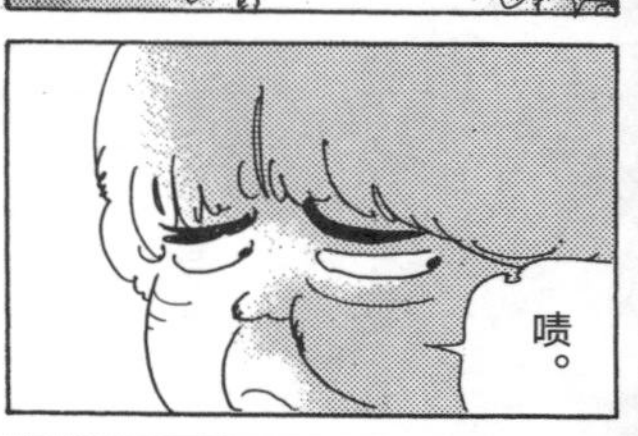
啧。

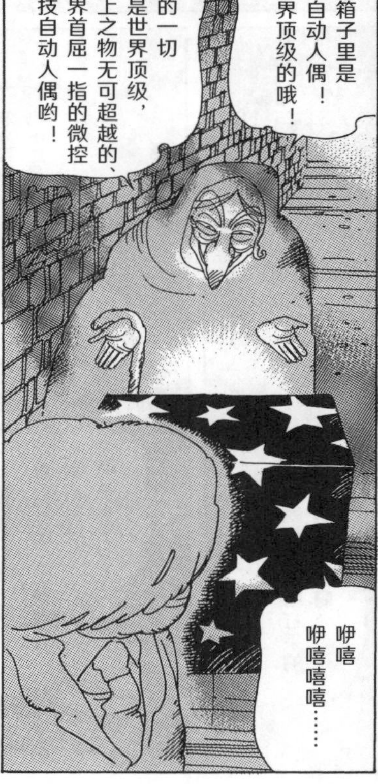
这箱子里是个自动人偶！世界顶级的哦！
它的一切都是世界顶级，世上之物无可超越的、世界首屈一指的微控科技自动人偶哟！
咿嘻咿嘻嘻嘻……

为什么这么说呢？但凡买过这款人偶的客人，只会有三种反馈：满意、不满意、虽然不满意但死心了。

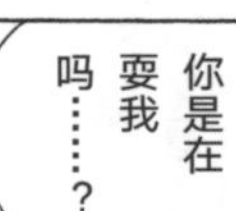
你是在要我吗……？

不不不不！你看你，又这么急着下结论呀！

对了——你也可以用租借的模式哦，租一天只需要支付定价的百分之一。
这样就完全不必担心有损失啦。

哼！竟然想把东西卖给做推销员的我……
哎呀？你刚才说什么了吗？

我对人偶一点儿兴趣也没有。
哎呀哎呀~~~虽说是人偶，但其实和真人简直一模一样哦！

它会说话，会笑，甚至还会哭哦！咿嘻嘻……
对主人呢，自然是绝对服从的哦，咿嘻嘻嘻嘻嘻嘻……

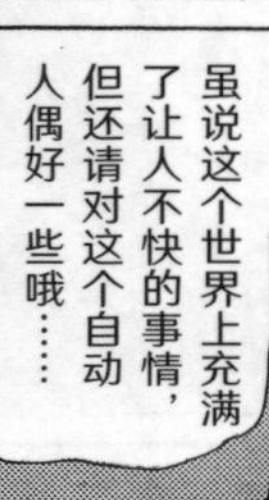
虽说这个世界上充满了让人不快的事情，但还请对这个自动人偶好一些哦……

唉——
真是……太无趣了！这个世界真是一团糟，贫富、善恶、美丑、贵贱，全都乱套了！小时候还以为世界是个玩具箱，现在才知道，原来是个垃圾桶！
永远都是这样乱糟糟的，就算自己再怎么努力，也不过是白费力气。
最后只能变成这副样子……

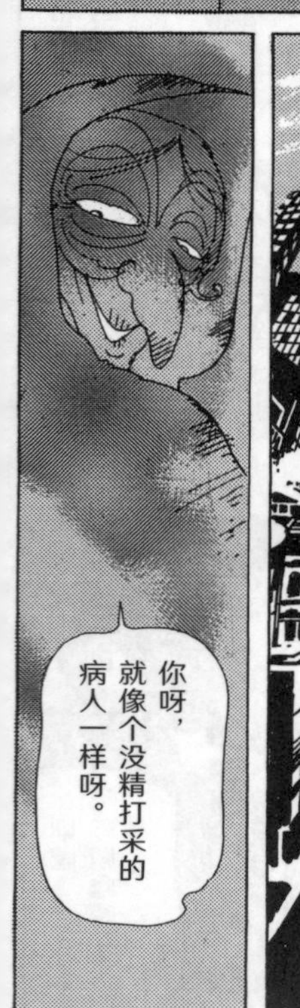
你呀，就像个没精打采的病人一样呀。

毕竟过了一辈子毫无指望的生活……

我这样的人要是死后还不能入极乐世界的话，这辈子也太不值了……

哎呀哎呀，你现在又变成僧侣了？

把希望寄托在下辈子吗？

断绝一切烦恼……

我也不是什么圣人君子，和别人一样有欲望，要是眼前有丰盛的大餐我可不会拒绝……

我会一口气吃个精光，嗯，精精光光……

哎呀呀，哎呀呀，这才像是个健康的人类嘛。

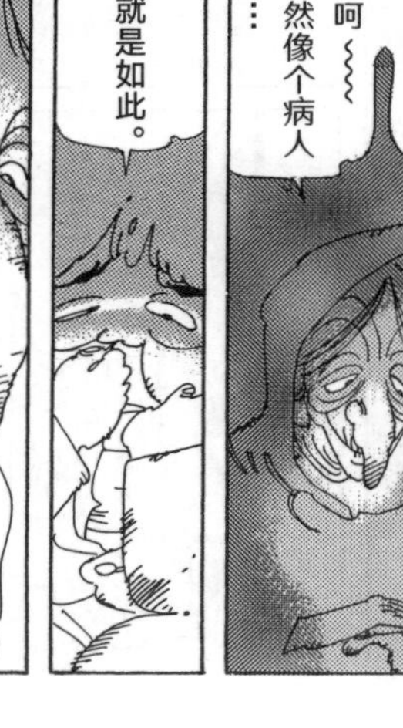

异流间一先生！您的邮件！
啪嚓
カタン
パチン
咔嗒
唉——
第一次汇款单……租借十日费用……
喊！是那个婆婆啊……
啾。
ガラガラガラ
被她软磨硬泡了半天，不知怎的最后还是买了下来……
虽说还没打开就是了……
唉……因果报应吗？
真疼啊……
我上辈子究竟做了什么十恶不赦的事啊，想想都可怕……

啊？什么玩意儿啊……竟然是要自己组装的吗?!
真是麻烦死了，唉……

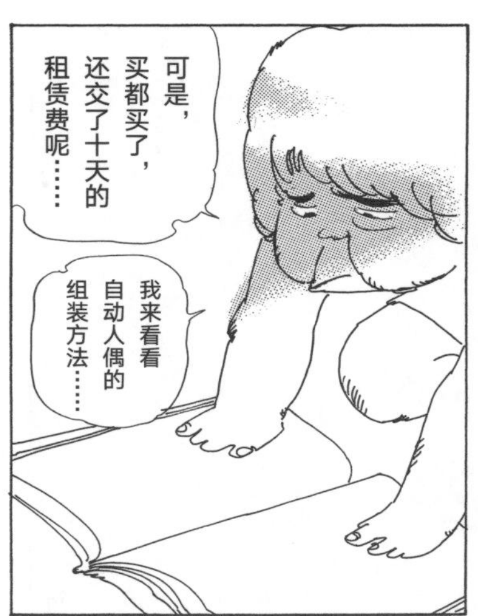
可是，买都买了，还交了十天的租赁费呢……
我来看看自动人偶的组装方法……

『可按自己的心意随意组装，不按自己的心意组装亦可。仅需将随手取到的零件涂上胶水拼接即可。完。』
附赠奖券
おまけくじ

撕啦啦……
ビリリ…
嘁！什么嘛，这不就相当于是让我随便搞搞就行了吗！

谢谢惠顾
ハズレ

我早就觉得那婆婆太古怪了，果不其然啊，这种东西能做出什么啊!!

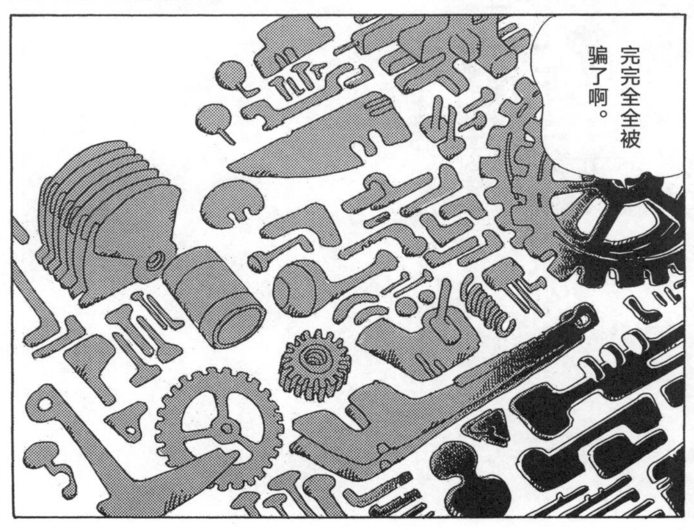
完完全全被骗了啊。

唉——

啊——

唉——

呼——

唉——
啊——

カラン
カラン
カラン
啪啦

カタン
咔嗒

カタン
咔嗒
邮件！

ガシャーン
哐啷

第二次
汇款单……

去你的什么
租赁吧!!
安装这么
耗时间！
等到把它安完，
还不知道一共
得花上比原价
高出多少倍的
价钱！
我现在
就去骂那个
老太婆！
ビリビリビリ
哧啦
クチャクチャクチャ
揉

这算什么世界顶
尖的自动人偶！
还说什么无聊
的时候是个
陪伴——

……!!

是吗！
果不其然！
原来是这样
骗我的吗!!
这破玩意儿
可确实耗了
我不少闲暇
时间呢!!
ブリブリブリ

真是受够了，
我这就去把
它退了，
不可能再为这种
东西付钱了！
ギギギ…
吱吱吱…
カクン

还是……
继续安装
看看吧……

カタン
咔嗒
パサッ
啪嗒

呼——总算是装好了啊。
之后只要给它喷上人工皮肤喷雾就好了吧……
不过……说是什么微控科技，但完全没看到提供动力的装置啊……

咻

接下来……『背对斜射的阳光

坐在距离人偶三米的位置，闭上眼睛，
三分钟之后即可完工。』

啊～～

怎么搞的。

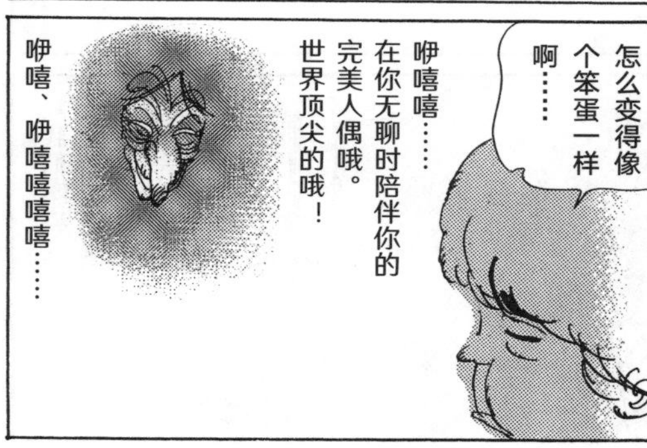
怎么变得像个笨蛋一样啊……
咿嘻嘻……在你无聊时陪伴你的完美人偶哦。世界顶尖的哦！
咿嘻、咿嘻嘻嘻嘻……

不管你是伤心了、开心了、
寂寞了还是痛苦了，
任何时候它都会
这样说——

若你因为什么事
而感到心焦气躁，
它会说……
混蛋啊!!
我要杀了
你!!
可恶。
可恶。
嗝。
『我也会很难过的……』

在你痛苦不堪，
悲伤忧郁，
甚至想要一死了之的时候……
当

呜
它一定会这样说……

『请不要将我一个人抛弃于此，
我其实一直都发自内心地
深爱着你。』
哐

这、这是怎么回事啊，和我长得一模一样啊?!

可恶！竟然敢耍我!!

可恶可恶!!
竟然这样耍我！
混账！
混账啊!!

这算哪门子的自动人偶啊！
根本不动啊！
嘭
ドガッ
什么都不会做嘛！
唉——

欸?!

刚才……刚才的声音是你在说什么吗……？

什么？
卖人偶的老婆婆?!
我可从来没见过啊……

但她确实之前就在这里呀……
都说了我从来没有见过嘛……
啊，欢迎光临!!

咔嗒ゴトゴトン
ゴトゴトン
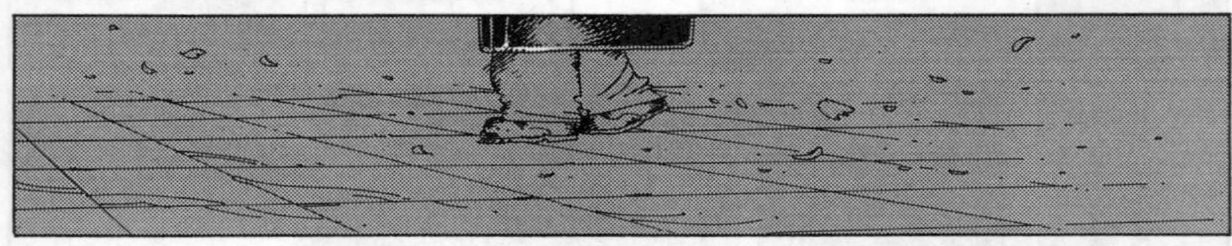

咔嚓カチャ

咔嚓カチッ

唉——

嗵
ドスン

カチャ
咔哒

咚
コトッ

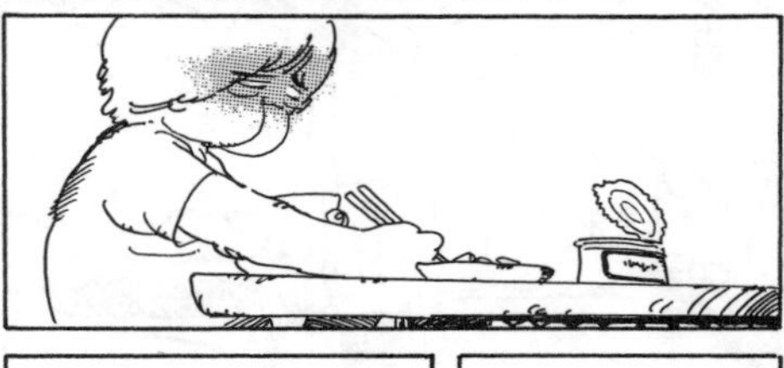

咔吧
ポリポリ

唉——

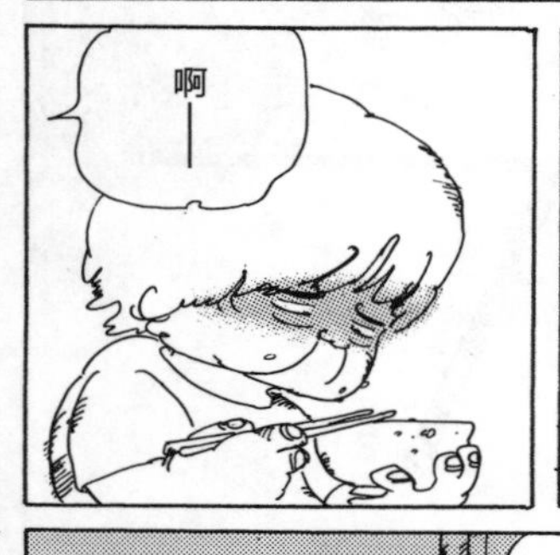
啊——

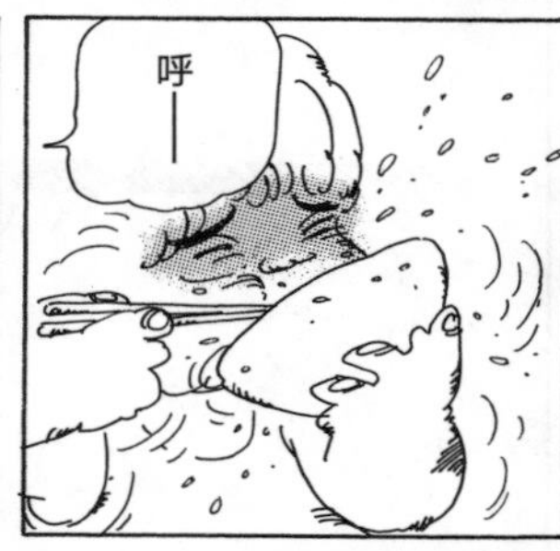
呼——

ポリポリポリ
咔吧

我是异流间一，我一直在这里哦……

ガタン
咯噔
住、住口啊！不准再发出那种怪声了!!
我要是找到那个老太婆，立刻把你这家伙丢给她，把我的钱拿回来!!什么世界顶级的人偶啊！

我才是异流间一啊!!

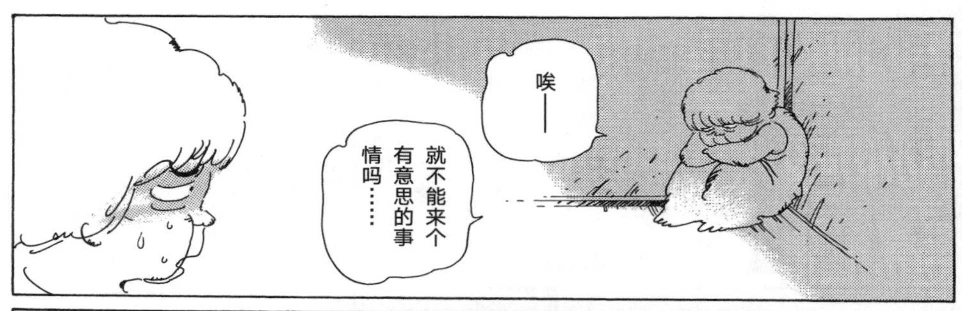

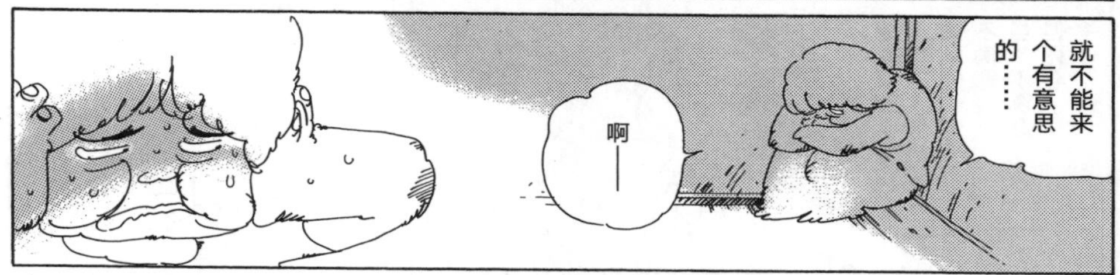

やめろっ!!
给我住口!!

真是让人讨厌的家伙啊，烦死了……
这可是世界顶级的人偶哦……满意、不满意，虽然不满意但死心了。
怎么可能满意啊!!
原、原来……是这个意思吗……
就是说……我、我自己也……

唉——
啊——
呼——

啊哈哈哈……
人类的叹息，
真是太美味了啊……
让这个世界充满哀叹吧！
让生命凋零吧！
将那些生命力都献予我吧！
啊哈哈哈………
不，不……
我是不会死心的。
正如你所知，
人类的叹息中仍然残留着些许……
生命力……

《遁走曲》完

万年笔

ドン
咚
ボカッ ドカッ ボカッ
嘭
猛揍
唔！
ドドドッ
嗵
ドカッ ボカッ ドカッ
吙儿
喂！你俩!!
还不赶快停手!!
放、放手啊！

啊，是鲁道夫！
他又在打架了——
真是让人伤脑筋的家伙。要迟到咯！驾!!
丁零
呸。
ハァハァ哈
ハァ ハァ ハァ

来吧，换我来帮你……

你来有什么事吗？
啪
コン

啊，那个……地、地区会议定在明天晚上，在伊鲁克家里召开……我来通知你的……

还、还有就是……就是上次和你说的事……我那个……我是认真的……全心全意的……
你……那个……难不成你还在等那个人吗？到现在还在等……你的丈夫吗……

那个男人把你和鲁道夫丢下后就人间蒸发了呀……
我不能原谅，绝对不能原谅！竟然把你这样好的人给……

所、所以……那个……我会把你……
不——我是说我会把你和鲁道夫照料好……
ゴン

老妈!!
我肚子饿啦。

我、我还会再来的！地区会议是明天晚上！

咚
……文化……在大约公元六〇〇年……

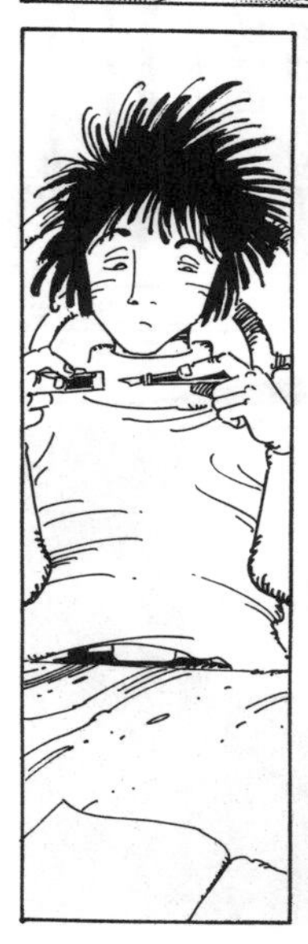
咔嚓 ガタン

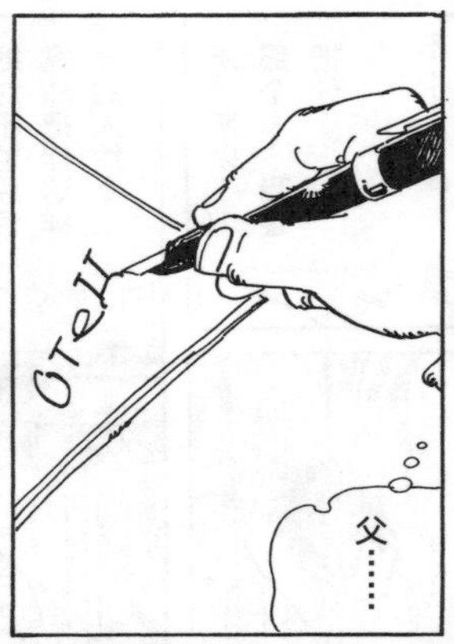
父……

鲁道夫！你又和别人打架了！我好不容易给你补好的衣服又破开了！

又不是我的错啦……
我不听你找理由！你都十六岁了，真是的，净给我惹麻烦。

学习也根本没什么进步……

啊疼——

在邻镇？你说的是真的吗……?!
是啊，我和我姐姐都看见啦！肯定没看错！我们看到他从火车上下来！是真的啦！

我想他该不会是住在那边镇上了吧……
去看看就知道啦，嘿嘿……

グォォ…
隆隆

カラン カラン
哐啷

ВОКЗАЛ

ザワ ザワ ザワ
嘈杂

ПОДАРКИ

ВОЛГ!. РАД вокз

欸？真的可以给我吗?!
可是……这不是工厂给老爸你的『业绩优秀员工』纪念品吗？
我拿着它也用不上啦，就当作你升学的纪念品吧。

是深蓝色的墨水啊。

颜色跟伏尔加河一样清澈啊……说不定真的在墨水中加了伏尔加河的河水呢，哈哈哈……

ザワザワ
嘈杂
!
老爸!!
プァー
叭
プィーッ
嘀

咚
ドーン
鲁道夫，我最近接了一些工作……
鲁道夫？
バタン
鲁道夫?!
你在干什么呀？
……没什么

这又是怎么回事！

真是的，又给我添乱！你这孩子!!

喂——怎么样啊？见到你的亲爹了吗？
是不是带着别的女人呀？年轻漂亮的？

吵死了!!
给我滚开!!
什、什么嘛！你那什么口气！

孩子都有了吧！而且还不小了，是你爹的？
是吗是吗，那你们就是同父异母的兄妹了呀！鲁道夫！

我不是把我知道的都告诉你了吗？
还不是你自己一直当宝贝似的把你那万年笔带身上啊！

现在看来你亲爹铁定不会回来了！
你就把它当你爹的遗物吧！
话说回来，你爹可真是有一手呢，嘿嘿嘿……

啪嚓
呜!
哐当
ガタン
ボカッ
咚咔
ドカッ
嘭咔
ボカッ
哇呀——!
啪
ボカッ
ボカッ
猛撞
ガキ
不要打了!
快住手啊——
ボカッ
ボカッ
你们干什么呢?!
这、这家伙完全是疯了啊……

不要再一味找理由了……真是的！

总而言之，不管你是出于什么原因，使用暴力就是不行！
啪
这也是学校反复提醒、反复强调的！

唉……你们可以回去了。

サク
サク
沙沙

ザッ
沙

……

老妈——

サクサク

サク
サク
サク

サク
サク
サク

ザザザ……
沙沙沙
晚上好啊！这雪可真不消停，又下起来了……

欢迎欢迎！

我爸爸一会儿就回来啦。
那个，谢谢你的礼物！
ミャアー
喵呜
你好呀，你妈妈近来还好吗？

コッ コッ コッ
噔
请坐那边吧。

还是那副不懂礼貌的老样子啊……
他只是太害羞啦。

我回来了！
爸爸你迟到了！快来快来，鲁道夫好早就到了呢！

哎呀，那可真是抱歉啦！我赶紧先去换身衣服！
不用换啦，就这样就好啦！
哎呀哎呀卡丽恰——哈哈哈……

这是鲁道夫哦。
哈哈，你就是全班第一打架王鲁道夫吗？

哎呀！爸爸你真是的！好坏哦！
啊哈哈哈哈……
好啦好啦，菜都要凉了哦……

咦，鲁道夫，你的万年笔呢？平时看你一直别在胸前的呀，今天怎么……
没、没什么啦，我放家里了。
ゴクゴク
咕噜

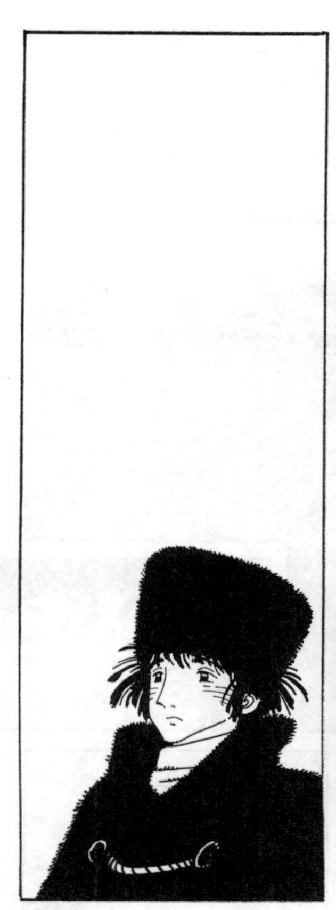

♬吟唱着那久远的歌谣
伏尔加河流淌着～
渐渐映入眼帘的
是斯捷潘·拉辛
的行船～

就像诗歌里所写的，真的像是母亲一样啊……

对了，鲁道夫，听说镇上的伏特加剧场来了人偶剧团哦，过年想一起去看看吗？
我啊……好不容易才搞到了门票哦……

是三张门票吧!!
ザッ
沙
欸？
喂、喂！鲁道夫!!

サク
サク
沙沙

治疗费可得你们家来付啊!!
你可要好好管教管教你家孩子呀！

哼！真是活该!!

那个混蛋……

可恶，
要是再让我
在学校看到
他……

你好——
有人在吗——

难不成没人
在家……

你说鲁道夫
今天没有去
学校?!
嗯，我想他是
不是感冒了，
所以来
看看……
对了，我在
院子里看到这个，
鲁道夫明明
拿它当宝贝的，
真奇怪……

宝贝……吗？

这是今天的报酬。
明天我也可以来吗？
嗯！明天也来吧！

吃饱了吗？
嗯！
啊～累死了。

鲁道夫，为什么不去学校呢？

啥？我去学校了啊。

啪

为什么
你要对妈妈
说谎呢……
在学校打架，
把同学打伤……
现在甚至……
还要说谎……
ダダッ
嗒
パタン
咔嘡
ガタッ
咔啦
老妈……

身体不舒服？听说你最近一直在加班啊……

我没事……

咔啦

嘿哟！
嗒！！
咚
哈
快来人啊!!
呼……
咔

哎呀，夫人！
你说你是来送治疗费的？
啊哈哈哈哈哈……
治疗费早就收到了哦，你儿子自己送过来的哦……
欸？

ザワザワ
嘈杂

喂！这里还有新年树卖吗！
早就卖完啦！

ヒョイ
呼啦

那些也都给我拿吧。
你拿得动吗？

没事啦，就这点儿东西！

很轻的！很轻的！

老妈，快走啊！

欸？
啊啊啊……

！

哎呀真是伤脑筋啊……没事，没事的啦……
你身上全是泥啦，鞋子里也是……
来，把鞋脱一下。

怎么了？

不知不觉
你又长高了
啊……！

来，
咱们去买新
衣服吧！
看看，
哪件比较
好!!
不、不用啦！
老妈！
还能穿啦！

叮咚—
嗝！
哎呀，
都十二点
了!!

呀吼——!!
汪汪
新年快乐！新年快乐！

新年快乐！我把附近所有的店跑了个遍，终于把新年树买到了！结果现在都已经跨年了啊，哈哈哈哈……
你们也是这样吗？那边的先生和夫人！

！

嗝！
哎呀？

沙

这、这真是……真是抱歉啊……嘿嘿嘿……

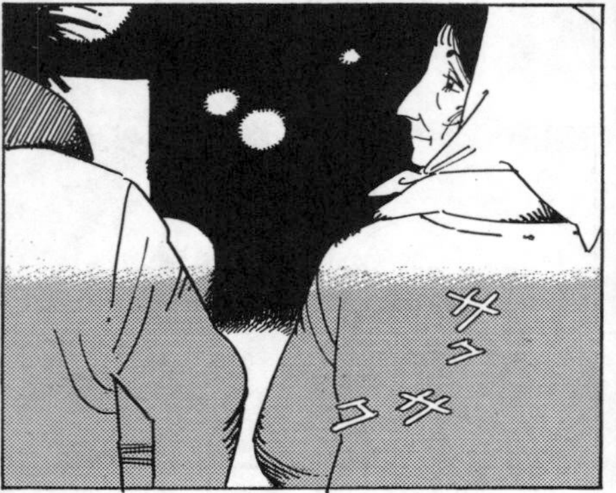

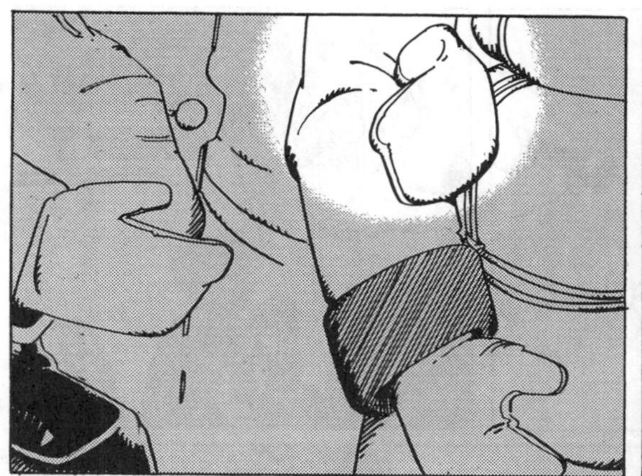

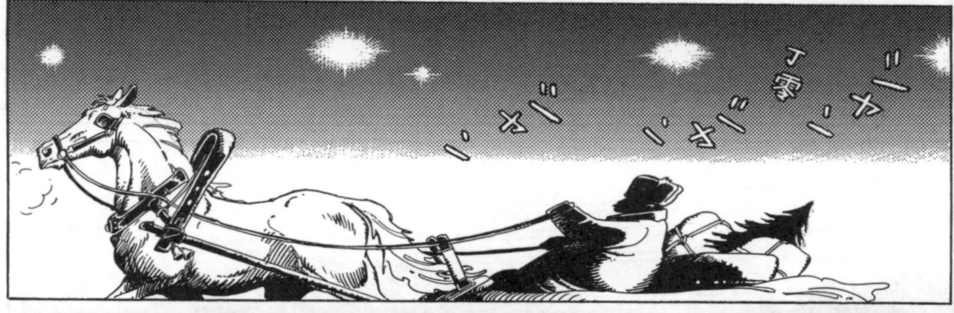

《万年笔》完

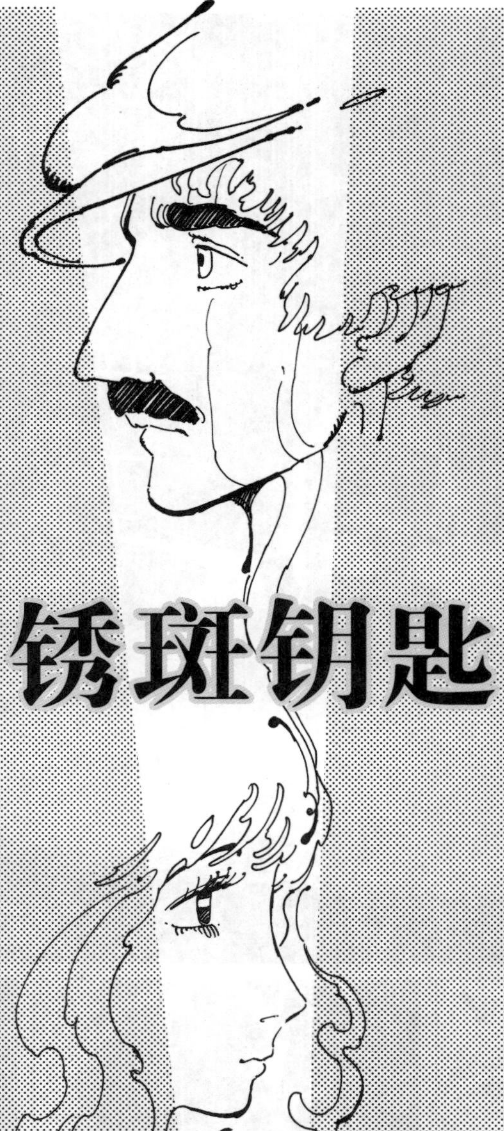

锈斑钥匙

ザァァー…
ザァァー
哗啦啦

!

カラカラ
カラ
咔啦

咣
ガガッーッ

ザアァー…

ザアァー…

バシャッ
啪嗒

哎呀！孙辈竟然有十六人之多，这可真是了不起！

那么，现在二位是想去过悠闲的隐居生活……真是让人羡慕啊……
请。
ウォホホ……
哦嚯嚯嚯……
我们这家房地产公司能接待您二位这样幸福的夫妇真是太有幸了……
请二位放心，本公司一定竭诚为二位服务！
哦嚯嚯嚯……
我这里有一处风水宝地，可以说是风光如画、四季如春！不少有钱人都会买下这里的房子作为住所或是度假别墅……
哎呀，钥匙到哪儿去了……
ガタ ガタ
咔嗒

总之，萨克森先生，我们的工作人员会先带您到在售的住所那边去……
Haus
OFFEN

您一定会喜欢那里的，哦嚯嚯嚯……

ガチャ
咔嚓
呜啊
ドテッ
扑通

隆隆隆……

那儿十分安静，是能让人感到平和的地方。
ゴゴゴ。。。。

除了多年前的那个事件以外，这里也就只有诸如野兔撞到车上之类的小事了……
嗒嗒
ガタガタ
SHERLOCK HOLMES
夏洛克·福尔摩斯
C. Doyle

那个事件？

先生啊，我说了您可千万别在意，毕竟是很久以前的事情啦……
那是六十年前，发生在我们此次前去的在售房屋里的事情……住在那里的一家人全都中毒死了。

是砷中毒，杀虫剂之类的都含这种物质。
哎呀……太可怕了……
究竟是他杀还是意外事故，到现在还是个谜……
因为，虽然当时房中许多金器失窃了，但在事件发生的当晚明明下着暴雨，周围的道路都十分泥泞，却未发现任何能佐证有外人犯罪留下的脚印或车辙。
吱吱
キィキィ

另外，如果说凶手是家里人的话……当时被毒死的一家确实还有一个女儿没有被找到，她当时十二岁。
隆隆隆
ゴゴゴ…
也没有发现她被杀害的迹象，至今下落不明……

那个女孩遗传了她母亲的体质，身体非常弱，听说在那次事件发生的数年前曾经大病一场……

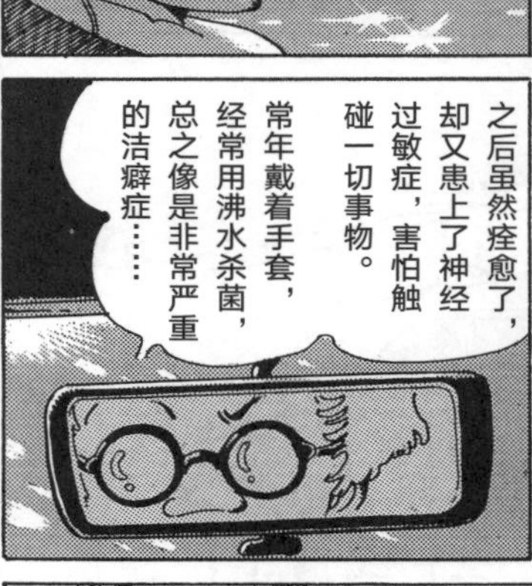
之后虽然痊愈了，却又患上了神经过敏症，害怕触碰一切事物。常年戴着手套，经常用沸水杀菌，总之像是非常严重的洁癖症……

我猜想，会不会是她洁癖愈发严重后，用给庭院植物除虫的杀虫剂去洗碗，才招来这样悲惨的结果呢……
之后，女孩因惊慌失去了理智，逃出了屋子也说不定……
呜嗡—
ブォロロ…

吱

那个女孩……
杀虫剂造成的事故也好，强盗杀人也好，为什么只有她能够幸免于难呢……

哎呀呀！你可真是说到关键点上了哦！
难不成你也是推理小说爱好者吗?!我也是狂热的推理迷哦！嘿嘿……

这个事件我也抽空去调查了一下，我看过警察的调查报告，也找知道当年这个事件的老人们询问过情况，不过……毕竟是我出生前发生的事件了，大家都只能含含糊糊地说个大概而已……

对了对了，关于为什么只有那个女孩幸免于难……
我的推理是……
如果是强盗杀人的话，女孩当时一定待在别的房间才逃过一劫。

而如果是事故呢，或许是女孩因为洁癖症的关系，每次都等其他人先用餐，确定没什么问题后自己才会去碰餐具吧……

真是慢啊……也不知道社长怎么回事，还没找到钥匙呢……

话又说回来，家里被弄得乱糟糟的，金器也被抢走，这么看的话，果然还是……

外人犯罪之强盗杀人事件！
虽说确实在家里找到了杀虫剂，但是否使用过并不能明确判定。

咔沙
カサ
カサ

但是……
就算如此！那个暴雨的夜晚，这附近没有一个人看到过可疑人物出现！
事件发生三日后，附近巡查的警察才发现这家出了事。

咔嚓
カチッ
啊，谢谢……

这附近只有一条可通行的道路，但就算是发现前的这三天内，据路旁杂货店店主说，并没有发现有任何可疑人物或是车辆经过……

毕竟那个杂货店可以说是这一带往来通行的必经之地，就像岗哨一样……

这样看来，或许是女孩在事故发生之后，因为极度恐惧，慌乱中将家中金器当作逃亡资金带了出去吧……

但就算是这样，也并没有目击者发现她的行踪啊……
要在冬天徒步翻越这座山，就算是大人也不可能做到的呀。而且那时山上也进行过搜查，并没有发现任何线索。
ゴトッ
咔嗒

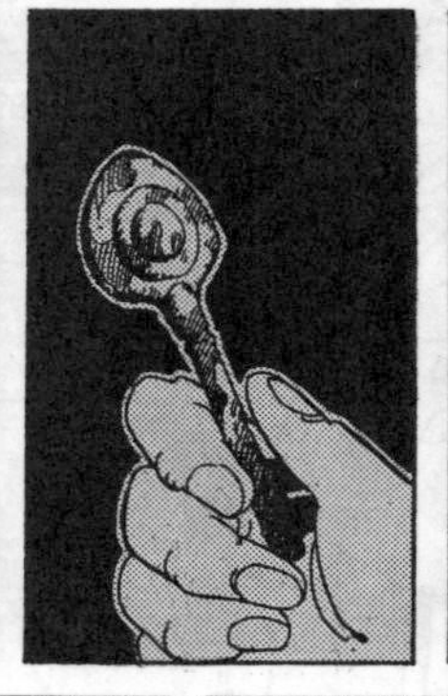

有什么问题吗?!夫人……

啊！竟然在这种地方！这应该是外出时藏钥匙的地方吧！
这可真是大发现，大发现啊!!

事件被发现的时候，屋里所有门都上着锁，根据我的推理，应该是女孩或强盗想要拖延事件被发现的时间，才将门全都上锁，然后将钥匙丢弃了！但是……
社长正在找的那把钥匙，其实是在事件之后，根据门锁重新制作的复制品……

哎呀？竟然还沾着些土啊……

夫人!!
这把钥匙，是在这里面找到的吗?!

欸？不是，是掉在那边的……

可惜！
如果钥匙是放置在墙壁里面的话，应该就能断定是女孩过失致死了啊……
嗵
ガクッ
强盗的话……

是不可能知道那么隐秘的藏钥匙地点的啊。

话说，
这钥匙已经
锈成这样了，
还能打开门
吗……

夫人，
请转动钥匙
试试吧。

カチャッ
咔嚓

ギィーイ
吱呀

社长！我们已经找到钥匙了哦！

你可以回事务所去了。

喂，你不会跟客人说了什么不该说的事情吧？

嘿……

你这个傻瓜!!

啪嚓

听好了！
要是那二位客人反悔不买这房子的话！
你这一年的工资一律减半!!
哎呀呀，真是非常抱歉，好像我们的员工给二位讲了一个非常久远的事件呀……
哎呀，无论如何，那已经是超过半个世纪的往事了，而且室内的家居装饰早已经过专业的清洁，现在完全焕然一新啦！

另外！
看这完美绝伦的景色!!
就像是将莫奈、雷诺阿和西斯莱的所有画作汇集一体般美丽!!
二位请~~看这边！
咻咻ツツ……
大自然就像是在这光线中跳动一般，哦嚯嚯……

!

这个屋子……和这里的家居装饰真是非常相配……
对对！就是这样的呀！

那个……如果有什么不满意的地方，咱们也可以替换一下屋内的装潢摆设！
我正好认识这边的厂商，可以优惠哦……
不，你误会了，不用换的……

说起来，二位仅靠自己打拼就有了如此财富，恐怕已经有十家以上的公司了吧……
都是我们低三下四为别人当牛做马换来的辛苦钱啦。
哎呀，您真是过谦啦！

说起年轻时候，我那时还只是个开卡车送货的司机……
コッ
コッ
コッ
噔

我和妻子，年纪相差了十五岁……
第一次遇到她时，我们俩的外貌像是父女，感觉就像在养孩子一样啊。
妻子她不知为何失去了记忆，连自己的名字和家人都完全不记得了，所以我为她起了个名字——贝塞特。
コッコッ

后来我开了一家小公司，生活也就这样安定了下来。
就这样……最终和长大成人的妻子结了婚……
原来是这样啊……
コッコッ…

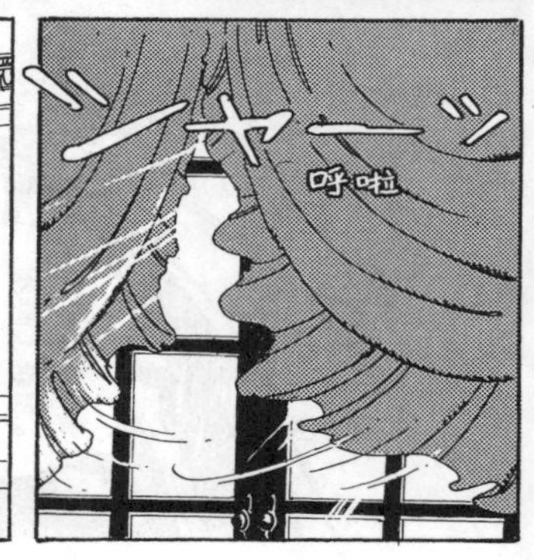
シャーッ
呼啦

从这个阳台上眺望的景色可以说是十分壮观了！

真是完美的景色啊……

カチッ カチッ 咔嚓

简直就跟天堂一样啊。

尊夫人去哪儿了……？

有什么问题吗，夫人？

不，我只是在想……这屋子里会不会有什么隐藏的房间呢……
啊哈确实啊，一般这样的老房子都会有那样的房间，说不定哪儿确实有暗门呢！

如果二位发现了那样的房间，请随时与我们联系！
或许会有许多之前住在这儿的人留下的物件也说不定，我们会第一时间来清理。
当然，那也是二位买下这房子之后的事情啦，哦嚯嚯……
说起来，令郎真的是孝心可嘉呀……
二位的长子——那位年轻的社长之前来过我们店，说对这个房子很满意呢。
他说，这样一个被大自然包围的世外桃源，一定是他能给二老最完美的礼物，哦嚯嚯……
我这把老骨头，总是给年轻人添麻烦呀。
哎呀，还不是因为你脾气太倔啦。
要我说不管是谁，听你说教一整天，最后都笑不出来吧。
你在说什么呀，唔咳。
哎呀——这可真是……哦嚯嚯……
嚯嚯嚯……

ガチャ
咔嗒
咔噔
カタン
咻咻咻
ツツツ……

*一种以金属为胎、不描轮廓线、填敷多色玻璃质釉的烧制工艺。

哎呀？
背面刻的名字
竟然刮花了……

老公，
天气好像开始
变凉了哦……
咳咳
咳咳……

这也是我从别人
手上得来的，
后来一个雕刻
学徒不小心把它
弄坏了……
已经
相当老旧了，
外壳早就破破
烂烂的了……

ゴトゴト……
嘭咚
プスンプスン
噗隆
2km

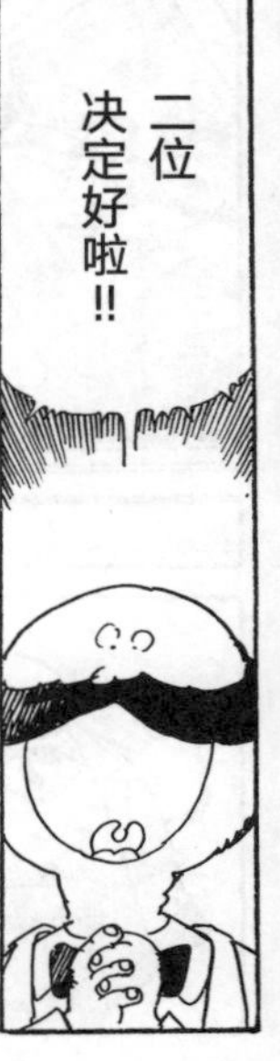
二位
决定好啦!!

哎呀呀，
真是非常感谢！
二位选择离开子孙身边，
在人生的后半程抛去
红尘俗世的烦恼，
来到田园风光之中，
安静地享受自己的晚年
生活，这可真是
人生一大乐事啊……
对于我们
这样的穷人来说，
打心底里羡慕啊!!

那么，请您在
这里签字——

汉斯·萨克森先生，贝塞特·萨克森太太!!
敬请在这纯净的大自然中享受悠闲舒适的生活吧！

对了……
嗯？

那起事件……最后下落不明的女孩叫什么名字……？

嗯~~我想想~~
嗯~~好像是叫米……米……
SHERLOCK HOLMES
C. Doyl

对了，叫米莉!!

米莉……
チッ
チチッ
啾

チッ
チチッ
チッ

你在做什么呢……

擦这把钥匙上的锈斑呢……
コトン
コトン
嚓

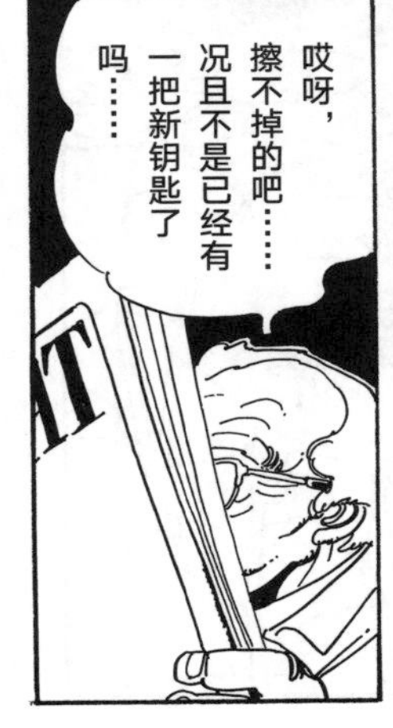
哎呀，擦不掉的吧……况且不是已经有一把新钥匙了吗……

嗯……
但是……
总感觉
不安心啊……
コトン
コトン

《锈斑钥匙》完

夜之结晶

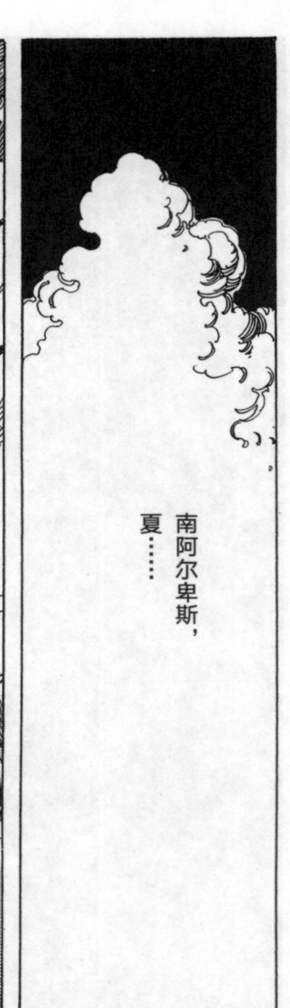
南阿尔卑斯，
夏……

走向……
西三十度。

斜率，
北五十五度……

コン
咚

コンコン
コンコン

ポトッ
扑通

采集地……
昭和五十……

呼……

キラッ
闪
！

看起来像是黑曜石，但这附近也没有火山口，不可能啊……
而且这个形状……是陨石吗……?!

呵。
太棒了!!

♪～

バッ
ガシャ
哗

ザァアー！
哗啦啦

竟然穿成那样……
这种半吊子的远足者真是无论什么时候都有啊……

ピイー・ピイー
哔——
ピュウーイー
哔呜——
这里是JA-1，JAM-8，请回答。

果然是陨石啊！
这里是JA-1，JA-1。
カチッ
咔哧
这里是JAM-8，请讲。

是我啊！那边最近有什么异常情况吗，北斗？
啊，笹*田先生，这边没有异常情况。对M川的南斜面的调查仍在按计划进行。

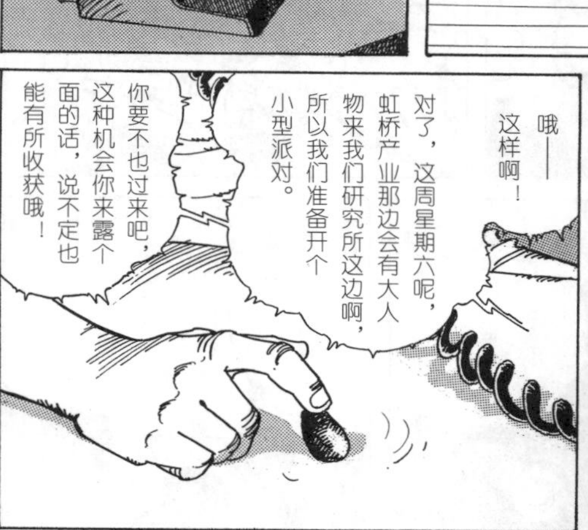
哦——这样啊！
对了，这周星期六呢，虹桥产业那边会有大人物来我们研究所这边啊，所以我们准备开个小型派对。
你要不也过来吧，这种机会你来露个面的话，说不定也能有所收获哦！

*日文汉字，中文发音同『屉』。

好的，如果计划进行顺利的话，我会过去。
不行不行！必须排除万难给我过来！你到底在想些什么啊，我真是搞不懂！我在你这个年纪的时候呀……

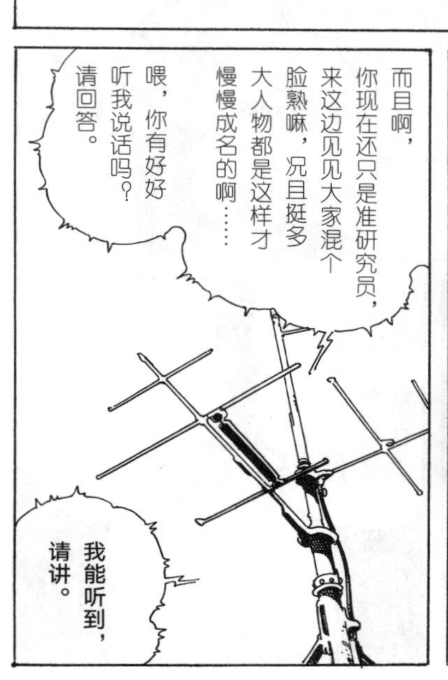
做事都很果断的，果断你知道吗……
而且听说会来挺多年轻姑娘和陪酒女哦，嘿嘿嘿……
而且啊，你现在还只是准研究员，来这边见见大家混个脸熟嘛，况且挺多大人物都是这样才慢慢成名的啊……
喂，你有好好听我说话吗？请回答。
我能听到，请讲。

或许在你看来，我这人不但觍着脸跟在那些秃顶大款和美妞的屁股后面，甚至像是对这世上所有杂七杂八的东西都相当渴求……
我并没有那样看待前辈您……
ジュクゥ…
咻
ゴトゴト
咕噜

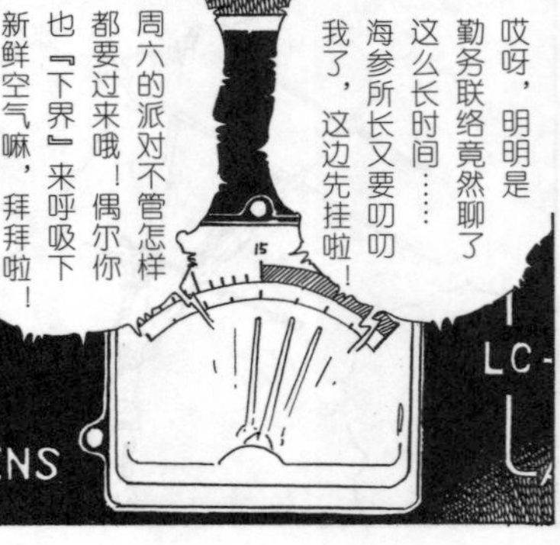

呼——

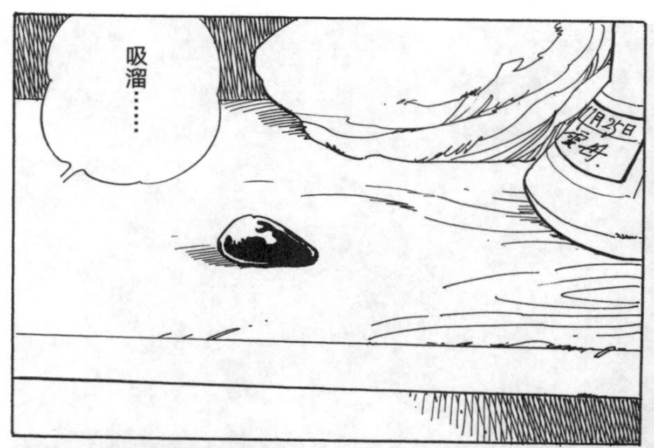
吸溜……
1月25日
雲母.

トントントン
咚

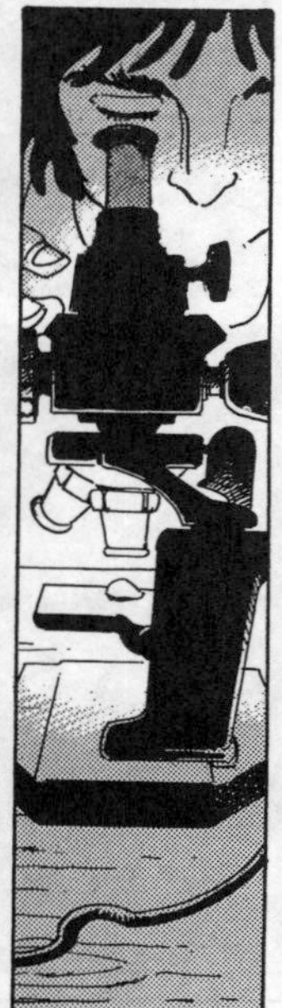

……

カチャ
咔嗒

有突入大气层时被摩擦产生的高热燃烧殆尽的，
也有未完全烧尽，最终落到地表的啊……

ガタガタ
ガタ
ドズーン
哐当
扑通
哇啊！

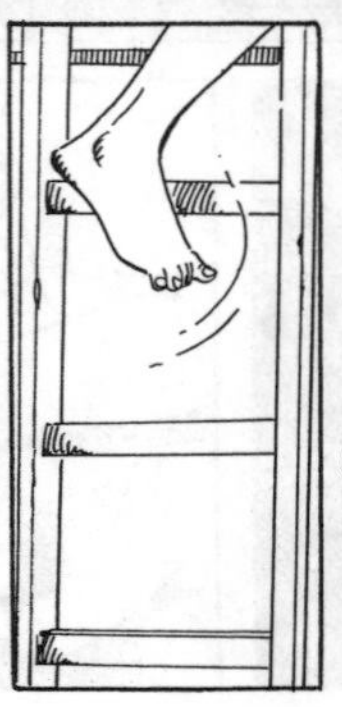

这里是JA-1！
紧急联络
紧急联络!!

喂！北斗！
这边收到登山口边的帐篷小屋发来的信息，说有个旅客昨天中午说去山上四处逛逛，但是到现在还没回来！
呼啊。
说那个人怎么看也不像是专业的登山客，十六七岁的女孩，穿着水蓝色的连衣裙、帆布鞋，说不定有自杀倾向……
你那边有什么情报的话，要尽快通知我啊！
是那个女孩！
嘭
嗒
ドン
ダダダ…
哗啦啦
ザァァァ…
啊
自杀……
喊！竟然特意来这种地方自杀……

随便找个高楼不就好了吗……
瞬间就能变成一粒微尘……

就是嘛！在大城市浑浊的空气里变得多余的身体，干脆就让它沉在那浑浊的空气之底……
就在眨眼般短促的一瞬结束，不就好了吗?!

看热闹的人会聚在一起念叨吧……
明明这么年轻，人生才刚刚起步啊……
为什么要做这样的傻事啊……

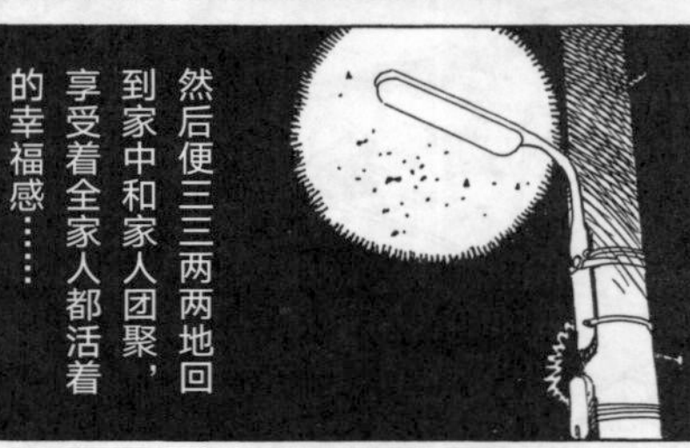
然后便三三两两地回到家中和家人团聚，享受着全家人都活着的幸福感……

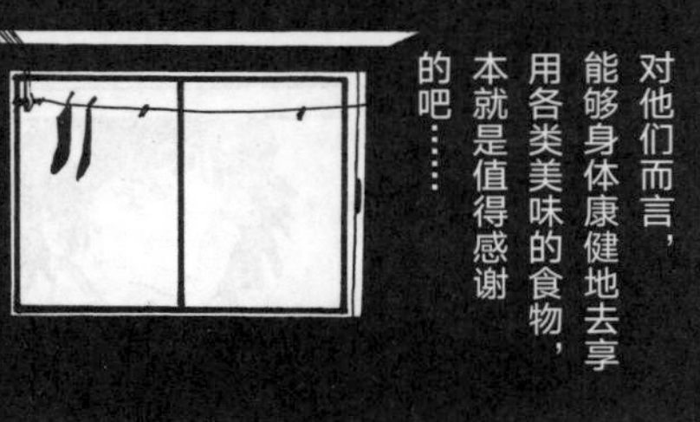
对他们而言，能够身体康健地去享用各类美味的食物，本就是值得感谢的吧……

而那尸体第二天便会从人们的脑中消失。就算并未完全消去，也仅会在他们反复确认自己的幸福生活时，才会再次浮现在脑中吧——
而这里不行！
可笑！实在是可笑至极！
怎么能在如此澄澈的空气中……
ザッ
ザッ
ザッ

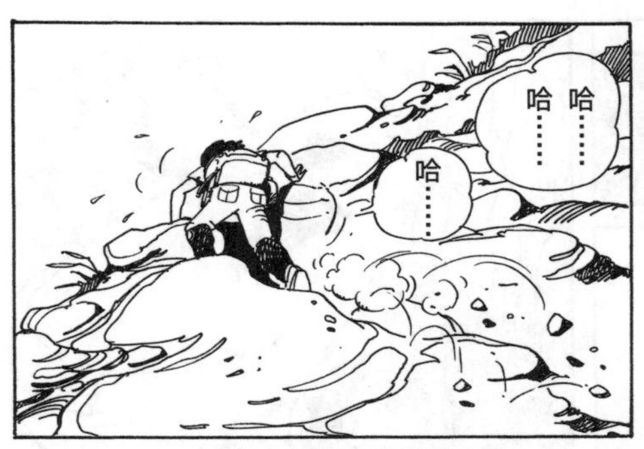
哈……
哈……
哈……
哈……

哈……
哈……
哈啊……

ガッ
嗄

喂～!!

嘁，人如果已经没了，当然不可能有回应啊……

这里都是缓斜面，如果要自杀的话……对了！应该是前面的石峰……

咻—
ヒューウ
ヒュウウウウ
ガサガサ
沙
唔～～
ザッ
沙
喂——你振作一点，喂！

唔啊……
好吵呀……

啊，水!!
ガチャガチャ
咔嚓

ゴボゴボ
咕咚
咕噜……

呼啊——

咳
咳咳
咳
你就是住在帐篷小屋的旅客吧？

バ——
嘭
ドサッ
扑通
唔！喂！等等!!

ザザザ…
沙

ハッハッハッ
哈
…キキ

啊

哇啊——

啪啦

日々新聞
啪啦啪
咱明明是来取材夏天的山景的，结果竟然被调用来搜救……
也不影响咱拍摄山上的景物呀，嘿嘿嘿……

你没事吧……？

看来是没办法爬上去了啊……

这、这到底是是怎么了呀，好、好冷啊，好像要被冻僵了……

只不过是换种死法罢了吧。
欸?!

不关你的事了啦！
我、我才不要在这样的地方死呢！

呜啊啊啊

说不定还有其他的出口啊……

总之你先吃点儿东西填下肚子吧，你从昨天起就什么都没吃吧？

你不要走那么快嘛——

ズズッ
刺溜
呀

呜呜……好冷……

等等啦——！

呜！我走不动了啦！脚底的水泡疼死了！疼死了……
等等我嘛——！

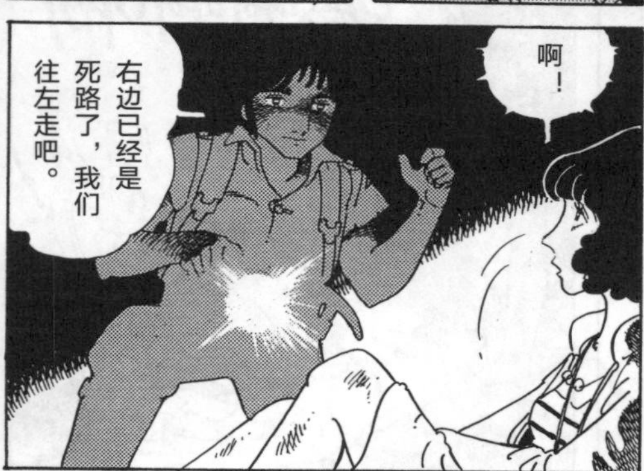
啊！
右边已经是死路了，我们往左走吧。

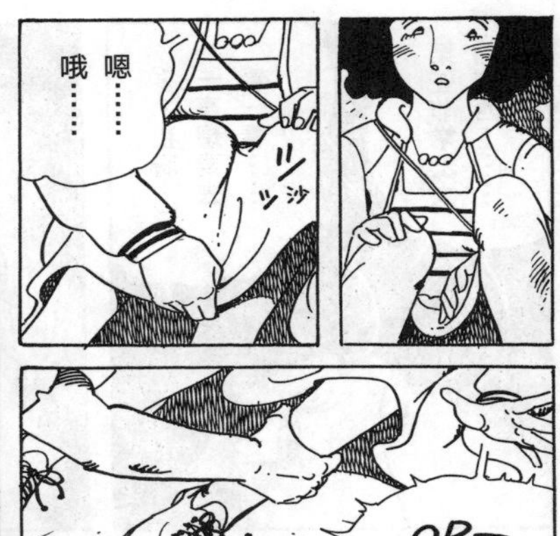
嗯……
哦……
ッ沙
ッ

你在干什么呀!!
在这种地方！
竟敢
轻薄我！
呜啊——
你这个
混蛋——
住手啊!!
哇啊
啊——

啊
呀
啊
啊
你、
你可别想
岔了！

咦
小刀……
你要干什
么?!

戳掉水泡把
脓水放出来，
感觉稍微好些
了吧……

ピチャン
扑通
ピチャン

我、
我叫……
葛朝子，
高二……

双亲健在，爸爸是公司职员，我是独生女……
学校成绩完全中等！零花钱嘛……非常满意！

……我呀……一直想要去看一看……
某些非常宏大的东西……

就因为这样，我才这么坚决地跑到山里来了。
看到这——么宏大的山，心里真的是豁然开朗呀!!
站到高处眺望远处的群山和树林，我感觉眼泪都要出来了……
因为，我感觉迄今为止的我就像一个笨蛋一样啊……

我啊，
天生就是个没定性的人。
社团活动也好，打工也好，
总是变来变去很难坚持……
不管去哪里，
不管做什么，
都感觉不是我所向往的……
我好像和别人不一样，
只要短短一段时间，
无论是什么事情，
我都不会再留恋……

啪沙
呀啊啊
是蝙蝠！

……我登上这山峰的时候……
对着山下大声骂了『混蛋混蛋』。

距离这里非常非常遥远的山下那边，是我的家、我的学校、我的朋友和老师、汽车和电车、广告、杂志、电波……
我朝着山那边吼叫着，就像是为了从酒醉中醒来，需要从嘴里倾吐出那每日数万吨的垃圾……

每天都有垃圾回收车清扫着城市中的垃圾……
保证这个城市街道的清洁……

一切都像是随着抽水马桶的水流被卷去一般，无论是美丽无比的事物，还是污秽不堪的事物，都一点儿不剩的，在我们的眼皮子底下，似是被抛弃一般消逝泯灭……
吐啦
装纯
老师的走狗!!
想要男人
想要钱
解剖图

迅速地……
哗
咕隆

消毒剂的泡沫就像是交通高峰时人挤人的情景……

就是这样啊，所以我向着那边大吼了起来——
混蛋啊!!
就在我不断往山上爬的途中，

慢慢地我的声音便低了下去……
就好像有什么在抑制住我的叫声一般。
到底是什么呢……

哈……
哈……

山坡越来越陡峭，
感觉就像是要直接
连接到天空一般，
我忍不住想，
自己会不会像一颗石子
就这样从山上滚落而下。
我死命地紧抓着岩壁，
真是很可笑吧，
明明是来寻死的人——
最后，我紧咬牙关，
一个字也不放出来——

ザザザ…
沙

啊
不，我并不是怕死！

如果不将牙关咬紧，
心里多年的烦闷
会在几句『混蛋』
之后，就被我像扔
纸屑一般抛之脑
后……
我总感觉最终
一定会变成这样
的结果……

我曾经就在那个地方，
说着那些和超市打包
工作一样单调重复的话题，
和谁都能攀谈……
你穿的这是啥？哎呀，这可真是土爆啦！
大叔啊。
大婶啊。还没好呀。
交了三个男朋友哦！
耶～
摩卡！
哎呀，贞淑——
COFFEE
ホットドッグ ¥350
特制意面
披萨
如此，在那里就感觉十分充实了……

印刷机也好公共电波也好，都在滔滔不绝地讲……世界何处正在爆发的战争，何处又有着快要饿死的人们，而我们则将这些信息随着食物与咖啡一同吞入腹中……
夢のハワイツアーに!!
去梦想的夏威夷旅行吧
チャレンジ！
挑战自我！
向美国进发!!
局面变得焦灼起来，商谈失败啦！说不定他会被降职哦！
帮我温一杯酒！
吵死了啦！我可是为了备考在看书学习呢！
家里的贷款到底该怎么办呀!!
如鲠在喉，想突然去抓住某个人，一股脑地谈起这些事情……但从生活和人际关系来说，这都是不可行的，因为大家都很忙……
就算最终找到了愿意和自己聊起这些事情的人，对方也只会说出和之前电视、杂志上一样的话，只不过是再审视一次这样的世界罢了。
这些，只会让我感到倦怠更甚……
可我没能做出任何改变，浑浑度日，不知何时也感染了众人的怠情，就像一块海绵……
最终还是觉得一切都是如此麻烦呀……

我的身体里
还流淌着鲜血，
若是用利刃切割
便会喷涌而出。
但是，
在那边的时候，
我甚至连自己是否
还是活生生的血肉
之躯都感到迷茫和
怀疑……
忘了是什么时候，
我做了一个化身为
幽灵的噩梦，
身旁的人们
明明都有脚的，
但我却
没有……
但是，人们的
脚步声都像是
僵硬的机械一般，
咔嗒咔嗒的……
我在
爬山的过程中，
终于慢慢
发觉……
我渴求的东西
究竟是什么
……
我想攀登，我想让自己
去到更高的地方，
越过险峻的陡坡。
我体内的血
就像是沸腾了一般，
在我的全身血管
中激转巡回，
给我的四肢以力量。
我奋力去
抵抗。
哈
与其说是我想要攀爬，
不如说是我的身体
自己动了起来，
踏着岩石攀上更高的
山峰……

肌肉已经
微微颤抖……
心脏……
也在剧烈跳动
着……

……稍微
休息一会儿
吧……

ドスッ
嚓
我们要在身体
冷下来之前
再次出发。

真是安静啊……
好像这个世界只
剩下我们两个人
了一样……

你是搜救队
的人吗？

不，我是在地质
调查研究所工作
的……

你一直都
在山上？
嗯，
几乎是吧……

ズズッ
嘶嘶

啊呀——
住手!!

别动它，它会自己走掉的。
我、我最讨厌蛇了啦~~~
滑腻腻的~~~

……确实，蛇的表皮是非常冰凉滑腻的。就像黑曜石一样……
咕噜……

黑曜石是那些在地底的灼热中被熔烧软化的熔岩，经火山口喷发而出后凝成的石块。
穿过灼热的岩浆，如此分明地出现在大地上。

陨石也是如此。
它们从大气层外那极寒的黑渊之中飞来，经过大气层炽热的炙烤煅炼，而仅有少部分能够最终掉落在大地之上。
虽然只残留着一些熔解时的黑色痕迹，我却依然能感到，在它内部仍完整保存着宇宙中无尽的『漆黑』。

我问你，冷的东西和热的东西，你喜欢哪一个呀？
我啊……好~想吃热热的关东煮啊……

抱、抱歉……
我们出发吧。

那个——你生气了吧？说些什么嘛——
因为我一下子爬了好高好高的山所以情绪很不稳定嘛，原谅我啦。
女孩子都是这样的嘛……
那你还是别当女人了吧。

你在说什么胡话呀！
那至少，别再用那种方式说话了。别为了获得便利，才主张自己是个女人。

真是严苛。
你这人真是和石头一样……

啊——我们到底走了多久啦……
隆隆隆

什、什么?!
咔啦
呀啊啊
唔

快躲开!!
山壁快塌了!!
赶、赶快……
啊啊……
是地下水!!
ザァァ…
哗啦啦
ピチャ
啪嗒
呀!
ズドドド
噗隆隆
哇呀——
ゴオオオ
抓
ドン
咚

……唉，我还以为我要死了……
要死了……

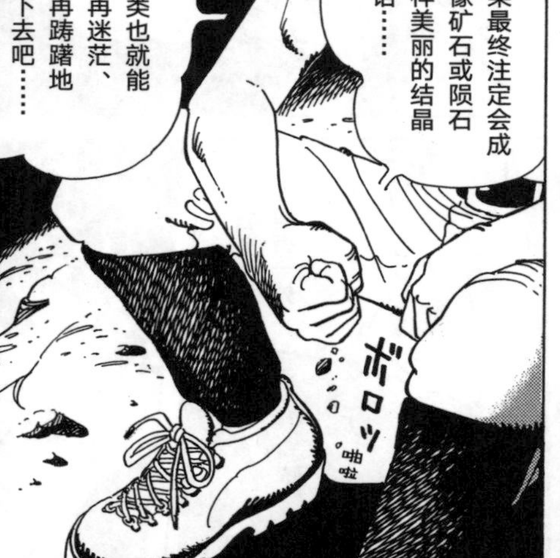

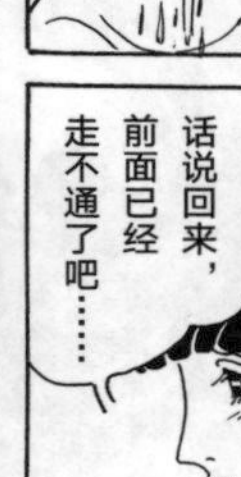

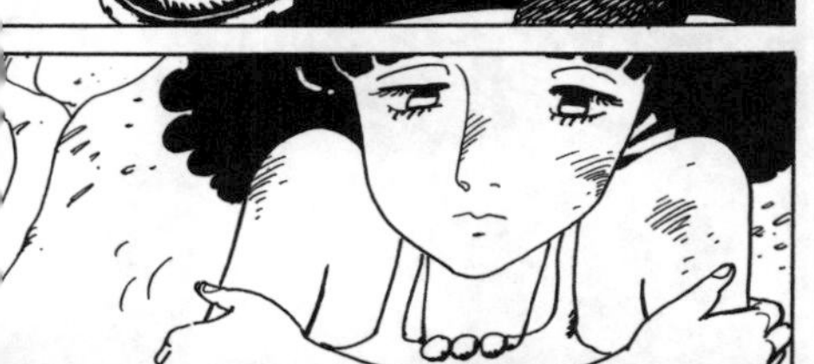

结晶吗……
我这种海绵一样的人，怕是不可能了吧……
我对自己……也不是很清楚。
自己究竟是什么，我想要找到这个答案……
我听说人类在成分上来说，大部分都是水啊。
几乎都是可以蒸发掉的吧……
欸——那其实我和大家也没什么区别嘛。
但是，
应该还有……
还有什么?!
成为结晶的方法……
有的话就好咯……
我总感觉你呀……
好像外星人一样，呵呵……
快看!!那里有一处凹陷！
里面是通的！
会有出口吗？
现在只能先前进了……！

那个，你是怎么进到地质研究所工作的呀？

没、没事！只是踩滑了。

好暖和哦！
说什么傻话，刚才全身浸湿，现在应该早就冻僵了。
但是……感觉还是有一点点温热啦……
好像洞穴稍微变得宽敞了一些……
啊……好困啊，我实在太想睡觉了……
我稍微休息一会儿吧……
不行！现在睡着会死的!!

那——我不睡，只是稍微、稍微休息一会儿啦……
啊……好冷好冷……
火柴……快点根火柴吧……
咻

梦……

好像卖火柴的小女孩一样啊……
大雪的夜晚，在寒风中划亮一根又一根的火柴……在火光中看到那温暖的梦……
我说，咱们来轮流看那些美梦吧！
你先来吧～快把眼睛闭起来。
这种事情……
我要划火柴了哟。

嚓
闭上眼啦！

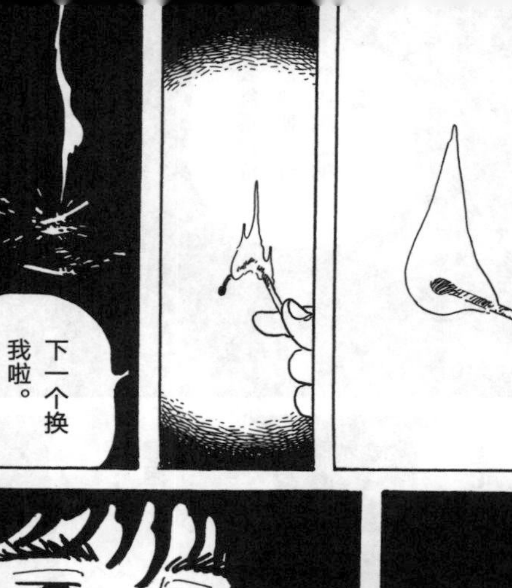
……
下一个换我啦。

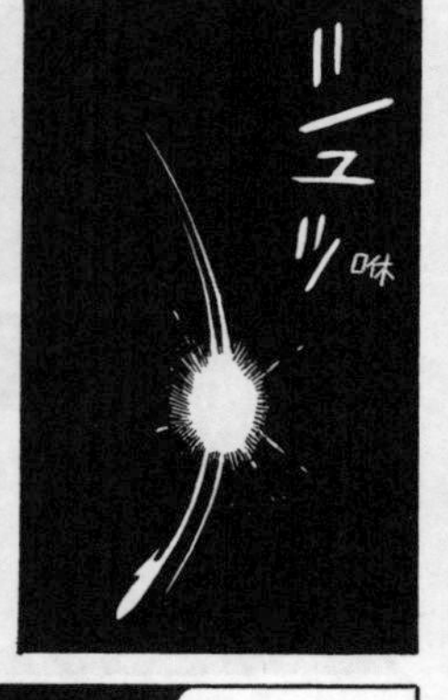
哧

总感觉……在这个如此之大的黑暗世界里……
我们的梦……
就像是这火柴的火光一样渺小的东西呀……

啊……快消失了……

不行!!不能睡！
我、我实在是……实……在……是……
不行！不行!!

啪
别、别打啦！你再怎么打我也……

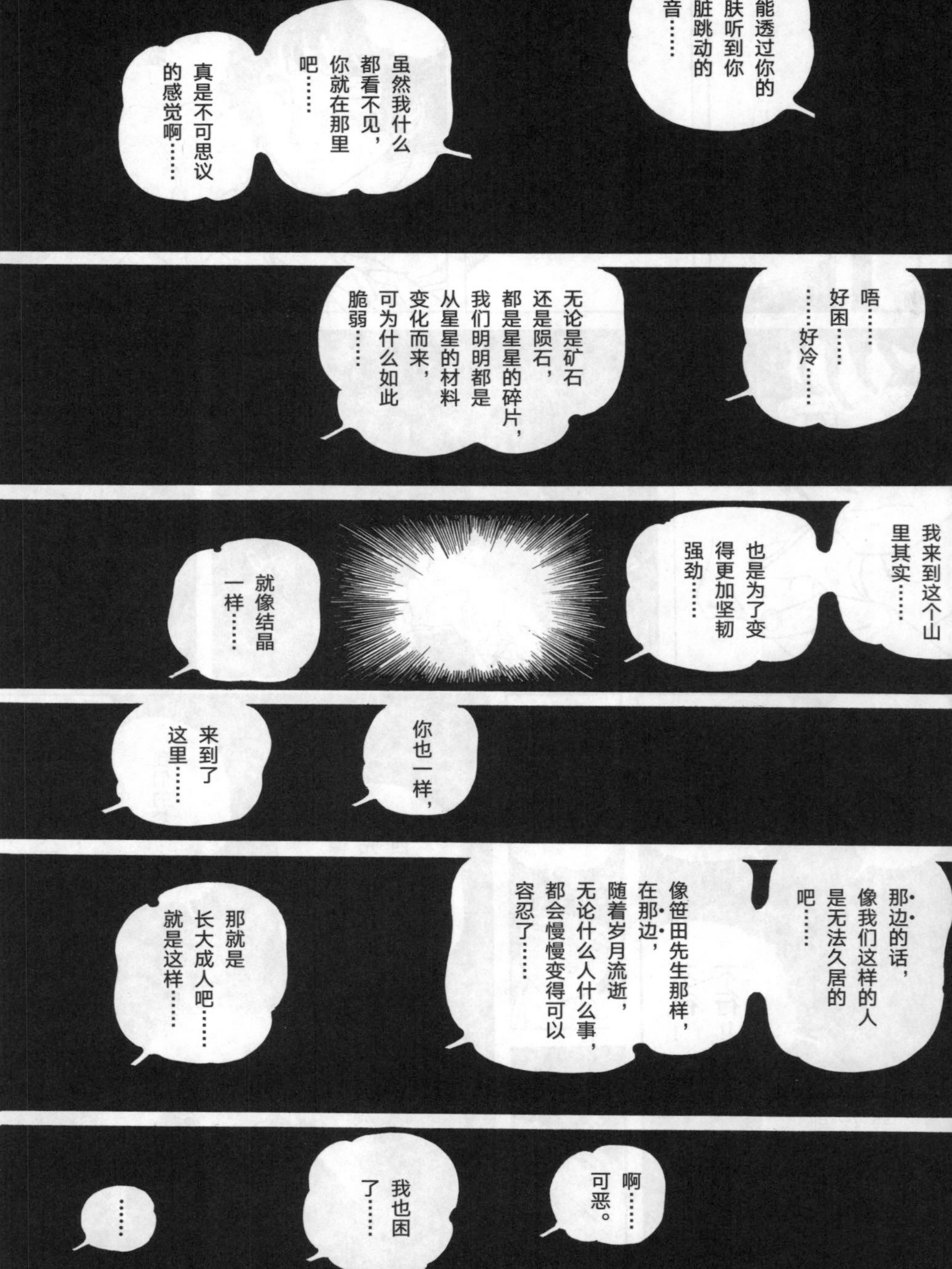

我能透过你的皮肤听到你心脏跳动的声音……
虽然我什么都看不见，你就在那里吧……真是不可思议的感觉啊……
唔……好困…………好冷……
无论是矿石还是陨石，都是星星的碎片，我们明明都是从星星的材料变化而来，可为什么如此脆弱……
我来到这个山里其实……也是为了变得更加坚韧强劲……
就像结晶一样……
你也一样，
来到了这里……
那边的话，像我们这样的人是无法久居的吧……
像笹田先生那样，在那边，随着岁月流逝，无论什么人什么事，都会慢慢变得可以容忍了……
那就是长大成人吧……就是这样……
啊……可恶。
我也困了……
……

キラッ
闪

！
星……
星星……

呵呵……
终于看到幻觉
了吗……

パシャッ
哗啦

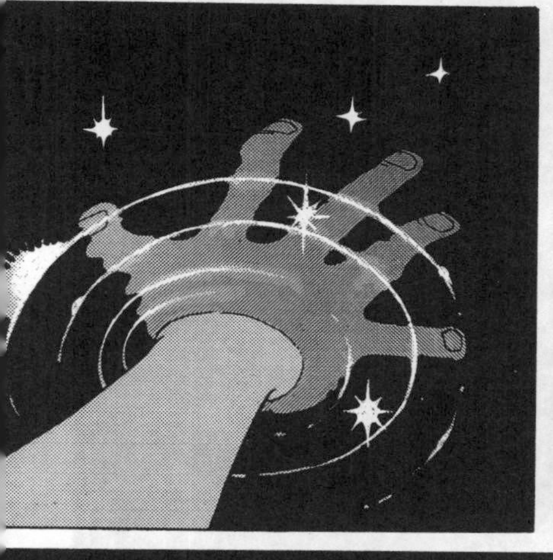

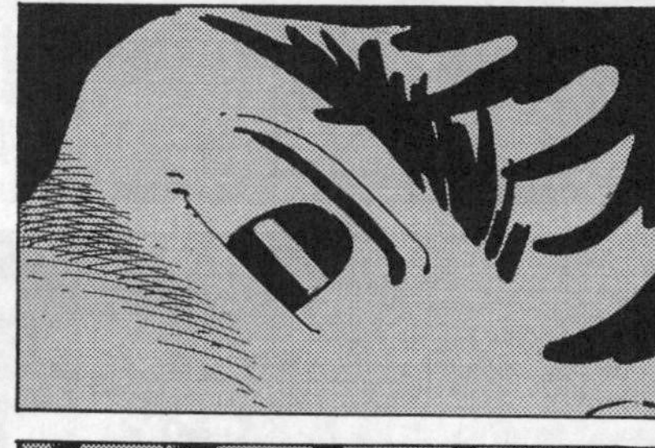

星星，
是星星！
是出口！
原来如此，
阴云散了……
星星！
星星救了
我们!!

《夜之结晶》完

Illustrations & Sketches

插画&速写

太阳翱翔于天空
光芒四散
暗影映衬着边缘
晨午昏夜　往复循环
当这一切映入心之棱镜
属于每个人的四季
便会到来——

《12 色物语》原版下卷
卷首跨页插图

《12色物语》原版上卷 封面图

《12色物语》原版上卷 扉页图

《12 色物语》原版下卷 封面图

《12 色物语》原版下卷 扉页图

《12 色物语》原版下卷 内封图

《12 色物语》杂志广告图

（特别来稿）彩色的主角们

饭田耕一郎

在深深的水井中，浮着一个西瓜。
浸在幽暗的井底，那西瓜早已清凉可口。
尽管如此，由于这井太深，村里竟一时无人能将这可口的西瓜捞上来。
若从井中抬头仰望，井口就像高悬于夜空中的满月。
究竟何人，能早日品尝到这可口的西瓜？
在深深的水井中，浮着一个早已清凉可口静待享用的西瓜。

这个『井底西瓜』的故事，
是我向坂口先生问起对于科幻题材的印象时，
从他口中得来的。

我认为坂口先生的作品不仅仅以人作为故事的主角。
除了人类以外，作为陪伴的老狗、山羊、蜂雀、蝴蝶……皆为主角。

而在人物方面，比起年轻人，坂口先生或许更喜欢刻画年老的人。
那刻进肌肤的皱纹、凝视远方的瞳孔、弯曲变形的手指。
是了，比起年轻人的叹息，
一位长者的哀叹，更能道出人生的点点滴滴吧。

不，远远不只动物。
置于某处的烟斗、古旧的门扉、布满锈斑的钥匙，在坂口先生细致的描绘之中，皆是故事的主角。
不、不，甚至不只是物。天空、砂砾、车辙、树叶缝隙间散落的日光，
在坂口先生笔下，皆是主角。

那拧动螺丝之声，树叶窸窣之声，
夜晚江边的浪花细细低语声，不知不觉都钻进了耳中。

然后，风似乎也有了颜色。

风穿过那街角的小巷，似乎有什么在闪着微光。
是一颗残缺的玻璃球。
因为那个缺口，日光一照在上面，便折射出万种光华。

原来如此，色彩亦能道出言语。

白，是透明而强大的意志。
赤，是对忘却的抵抗。
青，是逃离。
紫，是留驻的微光。
黄，是人生的赌注。
绿，是清醒时的孤独。
橙，是天真无邪的相遇。
桃，是永远的嫉妒。
灰，是颓废的叹息。
靛，是愤怒与成长。
茶，是记忆的悸动。
而黑，

是终结之后的开始。

究竟是如何以这样一条如此简单的线索，创造出这样的世界的？
为何明明涂黑的部分，却如此鲜艳动人。
这一个个镜头的展开，是如此不凡。
看似轻盈快速勾画而出的一根根线条，却是如此绝妙。
在那黑白的线条之下不可思议地透出了五彩斑斓。
在故事开始之前，便已经有了一个多彩的世界。
而这颜色，也定然是在黑白之间精心描绘而出。

究竟是如何画出来的？我一遍又一遍地反复品读。
回过神来，却感到每一格画面都像被赋予了魔法一般，将我引入无限广阔的空间之中，
最终一切都随之化作一声叹息。

真是让人没有办法啊。
坂口先生很善于倾听，
各种各样的主角向他诉说沉重的人生，或是微不足道的话语，
他都一一聆听，再编绘进那从笔尖蓬勃而出的条条细线之中。
这不是谁都能模仿的。

这本书，想必会让读者反复读上很多次吧，
就这样永远地流传下去。

只要稍有闲暇，
我便会在书架中取出这本书，
侧耳倾听。

饭田耕一郎

1951 年 8 月 24 日出生于日本京都。1970 年前后担任《COM》《VAN 漫画》等漫画杂志的编辑，1972 年以漫画家身份出道。从事漫画创作、漫画评论、随笔写作。

图书在版编目(CIP)数据

12色物语 / (日) 坂口尚著 ; 猫见樱译. -- 成都 : 四川美术出版社, 2022.11

ISBN 978-7-5410-4351-2

Ⅰ. ①1… Ⅱ. ①坂… ②猫… Ⅲ. ①漫画-作品集-日本-现代 Ⅳ. ①J238.2

中国版本图书馆CIP数据核字(2021)第193958号

著作权合同登记号 图进字：21-2021-419

12 色物语

12 SE WUYU

[日]坂口尚 著

猫见樱 译

责任编辑 杨 东 张子惠
特邀编辑 罗雪澂
责任校对 田倩宇 温若均
原版设计 横山博彰
封面设计 陈慕阳
手写字体 陈慕阳
内文制作 张 典
责任印制 黎 伟 史广宜
出 版 四川美术出版社
（成都市锦江区金石路 239 号 邮政编码 610023）
发 行 新经典发行有限公司
成品尺寸 148mm×210mm
印 张 13
字 数 230千
图 幅 416幅
印 刷 北京富诚彩色印刷有限公司
版 次 2022年11月第1版
印 次 2022年11月第1次印刷
书 号 ISBN 978-7-5410-4351-2
定 价 88.00元

简体中文版《12 色物语》以 2017 年 7 月由坂口尚作品保存会监修、MOM（漫画作品保存会）出版发行的新装版《12 色物语》为底本制作，该版本用数字化重组技术对原画进行了处理，但仍有部分原画（156~168 页、235 页、238 页、403 页、409 页）缺失，使用的是首次出版时保留的复印画进行修复。修复工作在作者遗属的监修之下进行，已尽可能地再现原画状态。

《布鲁克林的星期天》的日文标题，有“旺”和“曜”两种写法，但根据作者亲笔书写的标题文字，本书中使用“旺”作为标题文字。

另外，书中或存在部分目前看来不适当的表现内容，但考虑到作品创作的时代背景以及主题内容，且基于作者已明确表明并无丝毫助长差别意识的意图，故而本书尽量保持作者的原文内容。

坂口尚官方主页：https://www.hisashi-s.jp